개정판

알기 쉬운 토지공개념

지공주의 해설

김윤상

경북대학교출판부

복현콜로퀴움 3

알기 쉬운 토지공개념

초판 1 쇄 2004년 7월 20일
개정 3 쇄 2012년 2월 10일

지 은 이 김윤상
펴 낸 이 함인석
펴 낸 곳 경북대학교출판부

등 록 일 1973년 10월 10일㉣97호
주 소 대구광역시 북구 대학로 80번지
전 화 053-950-6741~3
팩 스 053-953-4692
이 메 일 press@knu.ac.kr
홈페이지 http://knupress.com

정가 7,000원

ISBN 89-7180-195-6 93320

머리말

2004년 출간한 초판이 2년 만에 매진되어 개정판을 내게 되었다. 관심을 가져 주신 모든 분께 감사드린다. 초판과 비교해 보자면, 제5장(지대조세제의 현실 적용)을 완전히 수정하여 제6장(지대조세제로 가는 전략)으로 돌리고 우리나라 부동산 정책에 대한 평가를 제7장에 넣었으며 제8장에 가벼운 글 세 편을 추가하였고 몇 군데 문구를 수정한 정도의 차이가 있다.

우리나라는 경제성장이 본격화되면서 지가 폭등과 부동산 투기에 시달려 왔고 고도성장을 멈춘 지금도 그 문제가 사라지지 않고 있다. 지은이는 경부고속도로 건설을 계기로 전국에 토지투기가 번지던 대학 시절부터 지금까지, 토지로 인한 부당한 빈부격차와 비효율과 국민의 울분을 목격하면서 '이대로는 안 되겠다'는 문제의식을 갖고 살아 왔다. 그래서 나름대로 토지문제의 해답을 찾아 오랫동안 깊이 고민하였고, 1980년대 중반부터는 이 문제를 본격적으로 연구해 왔다. 이를 통해 지은이가 찾아낸 해답이 지공주의(地公主義)와 그 구체적인 실천수단인 지대조세제(地代租稅制)이다. 이는 19세기 미국의 사회개혁가였던 헨리 조지의 토지사상과 맥을 같이 한다. 지공주의와 지대조세제라는 용어는 생소하지만 그 내용을 알고 보면 지극히 상식적이고 평범하다. 톨스토이는 "사람들이 모르고 있을 뿐, 알고 나면 동의하지 않을 수 없다"고 하였다.

지대조세제는 지대(토지의 임대가치)를 환수하여 가장 우선적인 정부 수입으로 삼는 제도로서, 시장친화적 토지공개념이다. 그런데도 불구하고, '토지공개념은 시장원리와 조화되지 않는다'는 선입관 때문인지 오해가 적지 않다. 최근 '참여정부 부동산 정책의 배경에 헨리 조지의 토지사상이 있다'는 언론의 보도가 몇 차례 나오면서 지공주의에 대한 관심도 생겨나고 있다. 그래서 일반인을 상대로 하는 입문서가 필요하다고 생각하게 되었다. 지공주의와 지대조세제의 실현을 위해 학술서에 비해 분량도 적고 설명도 쉬운 보급용 책자를 내자는 것이다. 이 책보다 좀 더 학술적인 설명이 필요한 독자는 졸저 『토지정책론: 토지사유제에서 지대조세제로』(한국학술정보, 2002)를 참고하기 바란다.

각 장별 내용을 간략히 소개하면 다음과 같다. 제1장과 제2장에서는 기존의 제도가 없는 백지상태의 무인도에서 실시할 이상적인 토지제도를 모색하였다. 제3장에서는 우리의 현실 토지제도가 이상과 얼마나 멀리 떨어져 있는지를 살펴보고, 이를 회복하기 위한 구체적인 수단은 지대조세제라는 결론에 도달하였다. 제4장에서는 이상적인 토지제도이자 조세제도인 지대조세제의 의의와 효과를 보고, 제5장에서는 여러 가지 의문에 대해 해명하였다. 그리고 제6장에서 이를 현실에 도입하는 구체적인 전략에 대해 검토하였다. 제7장에서는 그 앞에서 검토한 바람직한 기준에 따라 우리나라 부동산 정책을 평가해 보았다.

제1장부터 제7장까지는 논리적으로 일관된 짜임새를 갖추고 있으나 제8장에는 이런 틀에서 벗어나 좀 가벼운 마음으로 토지문제를 생각해 볼 수 있는 글을 모았다. 지은이가 그 동안 신문 등에 기고했던 짧은 글

몇 편과 번역문 두 편을 실었는데 일반 독자는 제8장부터 읽는 것도 괜찮은 순서라고 생각한다. 부록에는 서방의 저명 경제학자들이 구소련 고르바초프 대통령에게 토지사용의 사유화는 추진하되 지대는 환수해야 한다고 충고한 편지와, 토지의 특성을 알기 쉽게 극화한 희곡을 번역해 두었다.

이 책이 있기까지 여러 분의 도움을 많이 받았다. 지공주의 전파를 사명으로 하는 기독교 운동단체인 <성경적 토지정의를 위한 모임>(약칭 성토모)과 시민단체인 <토지정의 시민연대>의 헌신적인 활동가 여러분의 성원이 큰 힘이 되었다. 초판을 준비할 때 대학생 수백 명에게 원고를 읽히고 지적사항을 모아 준 분, 잘 어울리는 삽화를 그려 준 분의 공도 빼놓을 수 없다. 지은이가 거명하여 감사를 드리지 않더라도 다 이해하여 주실 것으로 믿는다.

이상적인 제도가 실현되기 위해서는 이론, 운동, 정치의 3박자가 맞아야 한다. 개혁 아이디어를 이론적으로 확고하게 정립하는 것이 제1박자, 그 아이디어를 일반인에게 널리 전파하여 지지 여론을 확보하는 것이 제2박자, 이를 바탕으로 하여 정부에서 정책으로 채택하는 것이 제3박자이다.

지은이는 직업이 교수이므로 지금까지 주로 제1박자에 전념하였고, 2005년부터는 <토지정의 시민연대>의 공동대표를 맡아 제2박자에도 다소간 관여하고 있다. 앞으로 각 박자를 채워줄 인물을 많이 배출하는 데 이 책이 조금이라도 기여할 수 있기를 바란다.

2006년 여름

지은이

목 차

표와 차트

Ⅰ. 이상사회를 향하여

메이플라워 협약

'살고 싶은 나라, 풍요와 정의가 넘치는 나라를 만들자. 가난과 불평등을 벗어나 새로운 나라를 건설해 보자.' 괴로운 세상을 사는 사람들은 흔히 이런 꿈을 꾼다. 자기 자신을 위해서 꿈을 꾸기도 하고 좀 더 차원 높게는 만인을 사랑하는 마음에서 꿈을 꾸기도 한다. 그래서 많은 사람이 이상사회를 건설하려고 노력해 왔다.

견딜 수 없는 현실을 피해 새로운 사회를 건설하려는 시도로는 미국 역사에 나오는 필그림 파더즈(Pilgrim Fathers)가 유명하다. 이들은 칼뱅(Calvin)파 개신교의 하나인 청교도로서 영국 국교의 박해를 벗어나 종교의 자유를 얻기 위해 아메리카 대륙으로 항해했던 사람들이다.

102명이 범선 메이플라워(Mayflower) 호를 타고 유럽을 떠나 66일간 힘든 항해 끝에 아메리카 대륙에 도착하였다. 이때가 1620년 늦가을. 1620년이라면 우리나라에서는 조선조 광해군 말기로서 임진왜란이 끝난 지 20년 남짓 되는 시기이다.

'살고 싶은 나라, 풍요와 정의가 넘치는 나라를 만들자. 가난과 불평등을 벗어나 새로운 나라를 건설해 보자.' 괴로운 세상을 사는 사람들은 흔히 이런 꿈을 꾼다.

이들이 도착한 지점은 현재 지명으로 미국 동북부 매사추세츠 주 동쪽 해안에 있는 케입캇(Cape Cod)이다. 이곳은 원래 이주 허가를 받은 곳이 아니었지만 더 이상 항해하기가 어렵다고 판단하여 그 인근 지역인 플리머스(Plymouth)에 정착하였다. 오늘날 이 지역에는 당시의 생활상을 재현하는 유명한 관광지가 플리모스 플랜테이션(Plimoth Plantation)이라는 이름으로 조성되어 있다. 우리나라의 민속촌과 비슷하다.

이주자들은 자치 정부를 만들기로 합의하고 성인 남성 41명이 합의문서에 서명하였다. 이 합의문서가 유명한 메이플라워 협약(Mayflower Compact)이다. 내용은 구성원의 동의에 기반을 둔 정부를 구성하고, 정부는 공동체의 유지와 번영을 위해 평등한 법을 제정하며, 구성원은 정부가 제정하는 법에 따른다는 것이다. 오랜 항해에 지치고 낯선 신대륙에 대한 불안감에 시달리면서 이러한 훌륭한 합의를 이루어 낸다는 것은 쉬운 일이 아니기 때문에 메이플라워 협약은 미국의 소중한 정신적 자산으로 남아 있다.

사회제도 설계사

메이플라워 협약에는 정부를 둔다는 합의가 들어 있다. 그들은 정부가 가장 우선적인 사회제도라고 보았고 다른 일은 정부를 통해 협의해 나가기로 한 것이다.

여러 사람이 모듬살이를 하려면 사회제도가 필요하다. 사회제도란

각자의 이해관계를 떠나 이상적인 제도를 모색하기 위해, 중립성과 논리성을 갖춘 제3의 설계사가 토지제도를 설계한다.

사회 구성원이 따르게 되어 있는 공통적인 틀이다. 사회제도에 따르지 않는 개인은 작게는 불편을 감수해야 하고 심하면 그 사회에서 배제될 수 있다. 이처럼 사회제도는 상당한 정도의 구속력을 가지기 때문에 좋은 제도는 사회를 발전시키고 나쁜 제도는 사회를 퇴보시킨다. 좋은 사회를 건설하려면 좋은 사회제도를 마련하여야 한다.

사회제도는 국민이 합의하여 정할 수도 있고 제3자가 설계안을 만들 수도 있다. 국민이 합의를 통해 스스로 결정하는 것이 물론 가장 바람직하지만, 국민이 각자 자신에게 유리한 제도를 고집한다면 합의가 불가능하게 된다.

그래서 현대의 고전으로 일컬어지는 『사회정의론』(A Theory of Justice)에서 롤즈(John Rawls, 1921 - 2002)는 국민이 계약에 의해 정의로운 사회제도를 도출하는 상황을 상정하면서, 각 국민은 사회제도가 자신에게 유리할지 불리할지 알지 못한다는 다소간 비현실적인 가정을 두었다. 롤즈는 이 상황에 대해서, 계약에 참여하는 국민이 "무지의 베일"(veil of ignorance)을 쓰고 있다고 표현하였다.

이런 비현실적인 가정을 해야 하는 문제점을 피하기 위해 우리는 제3자가 사회제도를 설계하는 방법을 택하기로 한다. 이때 설계사는 중립성과 논리성을 갖추고 있다고 가정한다. 중립성이란 설계사가 자신이나 일부 국민의 이해관계에 구애되지 않는다는 것으로서, 설계사는 제도의 적용을 직접 받지 않는 제3자이므로 현실성이 있는 가정이라고 하겠다. 논리성은 설계사가 사회제도의 여러 대안을 모색하고 평가하는 과정에서 막연한 정서가 아닌 논리에 근거를 둔다는 것으로서, 지적인 작업을 위해서는 반드시 필요한 가정인 동시에 현실성도 있는 가정이라고 하겠다.

한 가지 언급해 둘 것은 제3자가 사회제도를 설계한다고 해서 문제가 해결되는 것은 아니라는 점이다. 설계한 제도를 채택할 것인가를 결정하는 주체는 결국 국민 자신이기 때문에 결정 과정에서 국민의 이해관계가 대립할 수도 있다.

그러나 국민이 직접 사회제도를 만드는 방식에서는 합의가 안 되어 아예 시안조차 성립되지 못할 위험성이 있으나 제3자 설계방식을 취하면 최소한 시안은 마련할 수 있다는 점에서 설계사를 두는 의의가 있다.

이 책은 제도설계사가 정의와 효율의 기준에 따라 토지제도를 설계할 경우에 어떤 안이 나오게 될 것인가를 생각해 보고 그 안의 여러 측면을 따져 보는 것이 목적이다.

설계의 전제

기존의 제도가 전혀 없는 상태에서 사회제도를 설계할 수도 있고 이미 실시되고 있는 제도를 이상적인 모습으로 바꾸기 위해 사회제도를 설계할 수도 있다. 둘 가운데 물론 전자가 쉽다. 제도의 전환에 따른 저항과 마찰을 고려할 필요가 없기 때문이다.

그래서 우리는 암담한 현실에 절망한 사람들이 이상사회를 건설하려고 무인도로 이주하는 상황을 상정한다. 필그림 파더즈가 이주했던 아메리카 대륙은 이미 원주민이 살고 있었으나 우리는 아예 역사와 관습

그리고 기득권과 편견이 존재하지 않는 백지상태인 무인도로 이주한다고 가정한다.

사회제도를 설계하기 위해서는 국민 모두가 동의하는 공통의 출발점이 필요하다. 그래서 무인도 이주민은 국민의 동의를 기반으로 하는 정부를 두기로 하고 또 사회제도는 정의롭고 효율적이어야 한다는 전제에 합의하였다고 가정한다. 좀 더 구체적인 내용은 다음과 같다.

1. (정부) 공동체의 유지와 번영을 위해 정부를 둔다.
   - 1-1. (정부의 임무) 사회적으로 필요하지만 민간에 맡겨 두기 곤란한 일을 정부가 담당한다.
   - 1-2. (결정 방식) 정부의 결정은 국민 전체 또는 그 대의기구에서 합의를 통해 도출한다.
2. (평가기준) 사회제도는 정의와 효율이라는 두 기준으로 평가한다.
   - 2-1. (정의) 정의는 모든 구성원에게 평등한 자유를 보장하는 것을 말한다. 이때 평등에는 현 국민 간의 평등만이 아니라 세대 간의 평등도 포함된다.
   - 2-2. (효율) 효율은 최소비용으로 최대효과를 내는 것을 말한다. 이때 부분적·단기적 효율만이 아니라 전체적·장기적 효율도 포함한다.

아래에서 정부에 대해 그리고 정의의 의미에 대해 좀 더 생각해 보기로 한다. 그런데 정부의 존재 의의에 대해 의문을 갖지 않는 독자는 아래의 "정부는 필요한가"와 "정부의 특징"은 건너뛰어도 좋겠다.

정부는 필요한가

앞서 우리는 무인도에 적용할 사회제도 설계의 전제로 정부를 두기로 합의했다고 하였다. 그런데 정부는 과연 필요한가? 특히 1990년대부터 규제완화, 정부축소를 외치는 목소리가 커지고 있어 정부가 필요한가라는 질문이 새삼 제기되고 있다. 이 질문은 곧 위의 합의 1-1에서와 같이 "사회적으로 필요하지만 민간에 맡겨두기 곤란한 일"이 있는가라는 질문과 같다.

사회적으로는 필요하지만 민간에 맡겨 두기 곤란한 일을 좀 더 세분하면 다음 세 가지를 들 수 있다. 첫째로 공급을 하더라도 수혜자로부터 대가를 받기 어려운 일이다. 둘째로 민간 주체가 사익을 추구하다보면 공익을 침해할 가능성이 높은 일이다. 셋째로 사업의 규모가 크거나 공신력이 필요한 일이다.

첫 번째 범주의 업무는 민간에서 맡으려고 하지 않는다. 수혜자가 대가를 지불하지 않으려고 하는 일은 특별한 공익정신과 그런 일을 감당할 수 있는 무한대의 재력을 가진 주체가 아니면 담당할 수가 없기 때문이다. 국방, 치안, 재난대책, 사회기반시설 등을 예로 들 수 있다.

교통 신호등을 예로 들어 보자. 운전자와 보행자가 모두 안전의식과 양보정신이 투철하다고 해도 신호등이 없으면 교차로의 교통이 마비되기 쉽다. 그러나 신호등이 있으면 모든 사람이 편하고 사회비용도 적게 든다. 그런데 통행자에게 신호등 사용료를 받을 수 없다면 신호등을 민간에서 달기는 어렵다. 한두 개 신호등은 몰라도 전국의 도로에 신호등을 달 수는 없다는 것이다. 그러므로 정부는 필요하다.

두 번째 범주에 드는 일의 예로는 수도, 전기 등 독점이 불가피한 사업을 들 수 있다. 이런 사업을 민간에 전적으로 맡기면 독점이윤을 추구함으로써 국민 다수가 피해를 볼 수 있기 때문에 정부가 직접 담당하거나 민간에 맡기더라도 규제를 가할 수밖에 없다. 이를 위해서도 정부는 필요하다.

세 번째 범주에 드는 일의 예로는 체신, 등기 업무를 들 수 있다. 이 범주의 일에서는 정부와 민간의 경계가 점점 줄어들고 있다. 민간의 능력이 미약할 때는 체신 업무가 당연히 정부의 일로 간주되었지만 최근에는 택배 등 민간회사에서 이런 업무를 처리하기도 한다.

정부의 특징

사회적으로 필요하지만 민간에 맡겨두기 곤란한 일을 정부가 맡게 되는 이유는 정부가 공익성, 권력성, 독점성이라는 세 가지 특징을 가지기 때문이다.

우선 정부는 공익을 목적으로 한다. 정부가 국민 중의 일부를 위해 또는 정부 자신을 위해 사익을 추구한다면 이런 기관을 굳이 국민이 합의를 통해 만들 이유가 없다. 그런데 공익을 추구하는 기관은 정부 외에도 있다. 그 좋은 예가 공익적 시민단체, 사립학교, 자선병원 등이다. 이런 공익적 단체와 정부를 구별하는 요소로는 권력성과 독점성이 있다.

정부의 권력성이란 정부가 자신의 의사를 국민에게 강제하고 그 대가도 강제로 징수할 수 있다는 의미이다. 정부가 국민 합의에 의해 성립한 경우 정부의 권력은 국민이 자신의 자유를 제한하고 이를 정부에 양도하기로 합의하여 발생하는 것이다. 따라서 정부 권력의 범위는 바로 국민이 자제하는 자유의 범위와 같다. 법치국가에서는 이런 합의를 법제화하여 정부의 권한과 책임 그리고 국민의 권리와 의무를 정하는데, 정부는 이런 법을 준수하지 않는 국민에게 제재를 가할 수 있으며 정부의 활동비 충당을 위해 국민으로부터 조세를 징수할 수 있다.

또 정부는 독점적인 지위를 누린다. 정부가 자신의 의사와 상충되는 다른 권력적인 존재를 인정한다면 자신의 의사를 국민에게 강제할 수 없기 때문에 정부가 권력성을 가지려면 자연히 독점성도 가져야 한다. 하나의 지역에 둘 이상의 정부가 존재한다면 그건 바로 내란 상태를 의미한다.

정부는 민간기업에 비해 문제가 많은 조직이다. 민간기업이 추구하는 이윤은 객관적인 측정이 용이하지만 정부의 존재이유인 공익은 개념도 주관적이고 달성도를 측정하기도 어렵다. 정부는 자신이 생산한 서비스를 국민의 선호 여부에 관계없이 권력을 통해 강제로 구매하도록 만들 수 있다. 더구나 정부는 경쟁상대도 없는 독점적 지위를 누린다. 이런 세 가지 특징을 가진 정부라는 조직은 민간기업에 비해 성과 면에서 뒤지기 쉽다. 정부에 대해 회의적인 시각이 많이 나오는 이유는 바로 여기에 있다.

그렇더라도 정부가 담당해야 할 업무가 사회에 존재하는 한 정부를 없앨 수는 없다. 그래서 "정부는 필요악"이라는 말이 나오는 것이다. 그러므로 국민이 정부를 적절히 통제할 수 있는 제도를 만들어야 하고 또 그런 제도 속에서 국민의 적극적인 감시와 비판이 있어야 한다.

평등한 자유

무인도에서 제도를 평가하는 기준의 하나로 정의를 들었고 이때의 정의는 평등한 자유를 의미한다고 하였다. 정부와의 관계에서 국민이 누리는 자유의 범위는 사회적 합의에 따라 다를 수 있다. 그러나 일단 자유의 범위가 정해지면 그 범위 내에서는 모든 국민이 같은 정도의 평등한 자유를 누린다는 것이다. 평등한 자유란 소득이 같고 재산이 같다는 뜻이 아니라 자유의 크기가 같다는 뜻이다. 즉 생각이나 행동에 있어 다른 사람의 같은 종류 같은 정도의 자유를 침해하지 않아야 하고 또 타인의 자유를 침해하지 않는 한 누구에게나 자유가 보장된다는 뜻이다.

모든 국민에게 평등한 자유를 보장하려면 각 국민이 원하는 것을 취득할 수 있는 기회를 균등하게 보장해야 한다. 예를 들어 많은 사람이 부귀를 추구하고 또 그것이 사회적으로 용인된다면, 부귀를 취득할 기회를 균등하게 보장해야만 평등한 자유가 보장된다는 것이다.

기회의 균등에는 형식적 기회균등과 실질적 기회균등이 있다. 어느 군부대에서 고급 장교용 골프장을 건설하기로 하고 작업에 사병들을 동원하였다. 사병들이 작업에 불만을 가지고 있다는 보고를 받은 사령

관은 이렇게 훈시하였다. "고급 장교가 될 기회는 누구에게나 평등하게 열려 있다." 이런 유의 기회균등은 형식적 기회균등이다. 또 투표권이 유산계급에게만 인정되던 1830년대 프랑스에서 노동자들이 투표권 확대를 요구하자 기조(F. Guizot) 수상은 기회는 균등하다고 하면서 "일해서 부자가 되라, 그러면 유권자가 될 것이다"라고 응수하였다. 이것도 형식적 기회균등이다.

형식적 기회균등이 단순히 문호를 개방해 두는 정도의 균등이라고 하면 실질적 기회균등은 그 문호를 통해 입장할 수 있는 실제적 가능성을 균등하게 해 주는 것을 의미한다. 문만 열려 있을 뿐 그림의 떡이 되어서는 안 된다는 것이다. 군부대 내에 골프장을 건설하는 것이 옳은지 또는 군부대 내의 복지시설을 상급자 전용으로 해도 좋은지에 대해서는 이야기하지 않기로 하자. 다만 사령관이 사병에게 기회균등을 훈시하려면 단순한 형식적 기회균등이 아니라 실질적 기회균등을 언급했어야 한다는 것이다. 즉 사병도 골프장에 출입할 수 있게 하거나 큰 희생 없이 영관급 장교가 될 수 있어야만 설득력이 있다는 것이다. 또 노동자도 노력하면 유산계급이 될 수 있는 상당한 가능성이 있어야만 기조 수상의 말이 의미를 가진다는 것이다.

기회균등을 보장하려면 물론 형식적 및 실질적 기회균등을 다 보장하여야 한다. 그러나 형식적 기회균등과 실질적 기회균등이 서로 충돌하는 경우에는 실질적 기회균등이 더 우선되어야 한다. 형식적 기회균등을 보장하기는 쉽다. 그저 문만 열어 두면 되기 때문이다. 그러나 실질적 기회균등을 보장하기는 쉽지 않다. 문을 열어 둘 뿐만 아니라 실제로 누가 입장하며 누가 입장을 못하는가를 파악해서 그러한 차이가 단순히 개인적인 선택에 기인하는 것인가 아니면 본질적·구조적 원인에 기인하는 것인가를 판단해야 하기 때문이다.

기회균등을 막는 본질적·구조적 원인이 있다면 그 원인을 제거해야 한다. 그러나 그 원인이 자연현상 등 인간이 통제할 수 없는 조건일 수도 있는데, 이때는 그로 인해 특정인이 차지하게 되는 이익을 환수하여 사회 구성원이 공유하거나 사회 구성원의 공동 부담으로 특정인의 손실을 보상해야 한다.

무인도의 국민은 능률인

사회제도를 설계하려면 사회제도의 적용을 받는 국민이 어떤 사람인가를 알아야 한다. 타인을 지극히 배려하는 성인군자가 사는 사회에 적합한 제도와 이기심에 가득 찬 소인배가 사는 사회에 적합한 제도는 같을 수 없기 때문이다.

잘 알려진 인간형으로서는 경제학에서 가정하는 경제인(homo economicus)이 있다. 경제인이란 순전히 영리적 계산에 따라 개인의 이익을 유일한 행동 동기로 삼는 사람을 말한다. 경제학이 이런 인간형을 상정하는 것은 현실의 인간이 대체로 그런 경향이 있다고 보기 때문이기도 하고 또 그런 가정을 하지 않으면 확실한 이론을 정립할 수 없기 때문이기도 하다. 그런데 이런 가정을 가진 경제학을 공부하다 보면, 모든 인간이 언제나 이기적 동기에 의해서만 행동한다고 생각하기도 하고 나아가서는 타인이 그렇게 행동해도 비난할 수 없다든가 또 자신도 그렇게 행동해야 한다고까지 착각하기도 한다. 경계해야 할 일이다.

실제로는 경제적 이익만을 유일한 동기로 삼아 세상을 사는 사람은 그리 많지 않다. 인간의 본성 속에는 이기심 이외에 사랑과 자비와 같은 숭고한 요소도 함께 존재한다. 그러나 사랑과 자비의 실천도 가급적 힘을 덜 들이고 더 큰 효과를 내려고 한다. 이처럼 인간은 능률을 추구한다는 보편적인 특성을 보인다. 따라서 인간을 경제인이라기보다는 능률인이라고 보는 것이 좋겠다.

즉 사회제도를 설계할 때 제도의 적용 대상이 되는 국민은, 원하는 바를 얻기 위해 가능한 한 최소의 노력과 비용을 들이려 하고 또 같은 노력과 비용으로는 최대의 효과를 얻으려고 하는 능률인이라고 상정한다. 앞에서 사회제도 평가기준의 하나로 효율을 들었는데(평가기준 2-2) 사회냐 개인이냐의 차원만 다를 뿐 여기에서의 능률과 같은 뜻이다.

사람이 모든 일에서 능률을 추구한다고 해도 일의 우선순위는 다를 수 있다. 대체로 사람들은 자기 자신의 일에 가장 높은 우선순위를 두고 그 다음에 자기 주변, 나아가서는 사회 전체의 일로 관심을 확대해 간다. 인격이 성숙할수록 자신에서부터 사회로 관심과 배려의 범위를 넓혀 간다. 그러므로 국민의 인간적 성숙도가 어느 정도인가에 따라 다르기는 하겠지만 아래에서 상정하는 인간형은 자기 일에 우선적인 관심을 두면서 타인과 사회에 대해서도 다소간 배려하는 능률인이라고 해둔다.

토지제도가 시급하다

무인도에서 가장 먼저 마련해야 하는 사회제도는 토지제도이다. 무인도에 도착하면 무엇보다도 먼저 먹을 것과 입을 것을 구하고 집을 짓고 농사도 지어야 하는데 이런 생존활동에는 토지가 필요하기 때문이다.

자연적으로나 사회적으로 서로 차이가 나지 않는 동질적인 토지가 무한히 존재한다면 한 사람이 일부의 토지를 차지하더라도 다른 사람에게 영향을 미치지 않는다. 이런 세계에서는 구태여 토지제도를 정할 필요가 없다. 각자 알아서 토지를 차지해도 서로 이해관계의 충돌이 일어날 염려가 없기 때문이다.

그러나 현실은 그렇지 못하다. 토지는 위치마다 자연적으로 그리고 사회경제적으로 서로 다른 특성을 가진다. 햇볕이 잘 들고 바람이 잘 통하는 곳이 있는가 하면 그렇지 못한 곳도 있다. 토질이 비옥하고 물을 구하기 쉬워 농사에 적합한 땅이 있는가 하면 그렇지 못한 땅도 있다. 사람의 왕래가 많은 위치가 있는가 하면 그렇지 못한 위치도 있다. 그래서 누군가 좋은 땅을 차지하면 다른 사람이 차지할 수 있는 좋은 땅은 그만큼 줄어든다. 즉 토지는 동질적이지 않은 데다가 우량토지의 양은 사람의 욕구에 비해 희소하다. 이 때문에 국민 간의 이해관계도 공평하게 조정하고 사회에도 이익이 되는 토지제도가 필요하다.

제도설계사가 정의와 효율의 기준에 따라 설계한 토지제도를 다음 장에서 살펴보기로 한다.

Ⅱ. 무인도의 토지제도 설계

평등한 자유와 토지원리

평등한 자유라는 원리는 너무나 상식적이기 때문에 같은 내용의 다른 표현이 많다. 기회균등, 역지사지(易地思之). 네가 싫은 일은 남에게 하지 말라, 살인하지 말라, 도적질하지 말라...... 이 원리는 더 이상 증명이 필요 없으며 다른 원리를 도출하기 위한 공통의 출발점이 된다는 점에서 공리(公理)라고 부를 수 있겠다.

평등한 자유의 공리로부터 생산자 소유의 원칙이 도출된다. 생산자가 자신의 생산물을 소유하지 못한다면 결국 비생산자인 누군가가 소유하게 되는데, 이런 제도는 노예제도처럼 평등한 자유에 어긋나기 때문이다. 또 평등한 자유의 공리와 생산자 소유의 원칙에 동의하면 교환에 의한 소유의 원칙에도 동의할 수밖에 없다. 생산자가 자발적 합의에 의해 각자의 정당한 소유물을 교환할 경우 타인의 생산물이라고 해도 소유할 수 있어야 한다는 것이다.

그런데 이러한 소유의 원칙으로는 토지와 같은 자연물에 대한 소유를 인정할 수 없다. 사람이 생산한 것이 아니기 때문이다. 그러므로 토지와 같은 자연물에 대해서는 생산물과는 다른 특별한 배려를 해야 한다. 이것이 지공주의의 근거이자, 토지공개념이 필요한 이유가 된다.

토지를 모든 국민이 공동으로 사용하고 그 결과를 공유하는 것도 평등한 자유를 보장하는 한 방법이 된다. 그러나 토지는 그 특성상 단독사용이 더 적절한 경우가 적지 않다. 예를 들어, 주택과 같은 사적인 생활공간을 여러 가족이 공동으로 사용하기는 어렵다. 생산용 토지도 공동으로 사용하기보다 단독으로 사용할 경우에 생산성이 훨씬 높아질 수 있다. 이런 이유로 사회가 토지의 단독사용을 인정하기로 한다면, 평등한 자유를 보장하기 위해 특수한 조건이 필요하게 된다.

특수 조건이란 다음 세 가지다. 첫째로, 모든 국민이 토지를 취득할 수 있는 기회를 균등하게 가져야 한다는 것이다. 그런데 이것만으로는 충분하지 못하다. 취득기회가 균등하다고 해도 결과적으로 하나의 토지는 한 사람이 차지하게 되는데 이때 토지취득자에게 특별한 이익이 생길 수 있다. 예를 들어 생산성이 높은 어느 토지를 추첨에 의해 배분한다면 형식적 기회균등은 보장된다. 그러나 토지는 자연적으로 위치와 면적이 고정되어 있으므로 하나의 토지는 하나의 주체에 의해 독점될 수밖에 없다. 따라서 당첨자와 낙첨자 사이에는 특정인의 생산적 노력과 무관한 격차가 발생한다. 이러한 문제를 해소하기 위해 추첨을 자주 실시하는 방법도 있기는 하지만, 추첨을 자주 하면 사용하는 토지가 자주 바뀌므로 효율성이 떨어진다.

사유토지에 대해서도 평등한 자유를 보장하려면
㉮ 취득기회 균등, ㉯ 특별이익 환수, ㉰ 취지에 맞는 사용이 필요하다.

그러므로 자주 추첨을 하기보다는 안정된 토지사용권을 보장하되 당첨자가 자신의 생산적 노력과 무관하게 다른 사람에 비해 유리해지는 정도를 반영하는 금액을 사회구성원이 같이 나누면 된다. 또는 정부가 환수하여 모든 국민의 이익을 위해 사용하면 된다. 이렇게 하면 실질적 기회균등까지 보장할 수 있다. 이것이 두 번째 조건이다.

셋째로, 토지의 단독사용권은 사회적 필요성에 의해 인정하는 것이므로 토지취득자의 권리는 그 범위 내에서만 인정된다. 즉 사회적 취지에 적합하게 토지를 사용해야 한다는 것이다.

토지에 관한 평등한 자유를 보장하기 위한 원리 즉 토지원리를 정리하면 다음과 같다.

① 모든 국민은 토지에 대해서 평등한 권리를 가진다.
② 사회적 필요성이 있으면 사회적 합의에 의해 단독사용을 인정할 수 있다.
③ 단독사용을 인정하려면 다음과 같은 조건을 충족시켜야 한다.
　㉮ 토지 취득 기회를 균등하게 보장한다.
　㉯ 단독사용에서 생기는 특별한 이익을 환수하여 같이 나눈다.
　㉰ 단독사용을 인정하는 사회적 취지에 적합하게 토지를 사용한다.

위와 같은 토지원리를 핵심 내용으로 하는 사상을 지공주의라고 한다. 토지원리 중에서 우리 사회에서 가장 많이 무시되고 있는 것은 ㉯이며, 우리나라처럼 토지사유제가 정착되어 있는 사회에서 ㉯를 구현할 수 있는 수단은 지대조세제다. 그런 의미에서 이 책은 지대조세제에 초점을 맞추고 있다.

앞에서 본 설계의 전제에서 사회제도의 평가기준은 정의와 효율 두 가지라고 하였다. 토지원리는 이 중에서 정의의 원리에 따라 도출된 원리다. 그렇다면 토지원리가 효율에도 도움이 되는지를 판단해야 한다. 토지원리를 지키지 않을 경우에 생길 효율 측면의 폐해는 이 책 제3장 '우리의 토지 현실'에서 다루고, 토지원리를 지킬 경우에 생기는 효율 측면의 혜택에 대해서는 이 책 제4장 '이것이 지대조세제'에서 설명하기로 한다.

단독사용의 특별이익은 지대

토지원리 중에, 토지를 단독으로 사용할 경우에 생기는 특별한 이익을 정부에서 환수해야 한다는 조건이 들어 있는데 환수액은 얼마나 될까? 아래에서 볼 여러 가지 토지배분 방식 가운데 입찰방식에서라면 환수액은 낙찰자가 제시한 금액으로 정해진다. 그러나 그 외의 배분방식에서는 금액이 드러나지 않으므로 금액이 얼마가 될지 검토해 보아야 한다.

구대륙에서 무인도로 1차 연도에 제1진 5가구(가구 A, B, C, D, E)가, 이듬해에 제2진 5가구(가구 F, G, H, I, J)가 이주한다고 해 보자. 무인도의 모든 토지가 동질적이고 제1진 5가구가 마음껏 사용하고도 남을 만큼 면적이 넓다면 어떤 가구가 특정의 토지를 단독으로 사용하더라도 같이 도착한 다른 가구에 비해 유리한 점이 없다. 따라서 사회에서 환수할 것도 없다.

그러나 일반적으로 토지는 동질적이지도 않고 면적이 무한하지도 않다. 그래서 무인도에는 한 가구가 농사를 지을 만큼의 면적으로 필지가 구분되어 있고 농사를 지을 경우 연간 평균 100가마, 90가마, 80가마, 70가마가 생산되는 토지가 각 4필지씩 있다고 가정해 보자. 이때 연평균 100가마를 생산할 수 있는 토지를 1등급 토지, 90가마를 생산할 수 있는 토지를 2등급 토지, 그 다음 토지를 각각 3등급 토지, 4등급 토지라고 부르기로 한다.

무인도의 국민은 능률인이라고 하였으므로 당연히 생산성이 가장 높은 토지부터 사용하려고 할 것이다. 그 결과 처음 도착한 제1진 5가구 중 4가구는 1등급 토지를 차지할 것이고 나머지 1가구는 부득이 2등급 토지를 차지하게 되어 [표 1]과 같은 배분이 이루어질 것이다.

[표 1] 토지 등급과 취득 가구

토지 등급(생산)	취득 가구			
1등급(100가마/년)	1진A	1진B	1진C	1진D
2등급(90가마/년)	1진E			
3등급(80가마/년)				
4등급(70가마/년)				

이럴 때 1등급 토지를 차지하는 가구는 2등급 토지를 차지하는 가구에 비해 연간 10가마만큼 유리하다. 그러므로 토지원리 ③의 ㉯(특별이익 환수 조건)에 의해 정부가 환수할 금액은 A에서 D까지의 가구로부터 연간 10가마씩, 총 연간 40가마이다. 환수한 40가마를 5가구에 균등하게 배분한다면 가구당 8가마씩 돌아갈 것이고 따라서 각 가구의 농업소득은 연 98가마 정도가 된다.

1등급 토지는 2등급 토지에 비해 연간 10가마만큼 유리하다. 1등급 토지의 유리함, 즉 연간 10가마를 1등급 토지의 연간 지대라고 한다.

위에서 본 1등급에 속하는 토지의 유리함 즉 연간 10가마를 1등급 토지의 연간 지대라고 한다. 지대라는 용어는 학술용어로서 일반인에게는 좀 생소하지만, 지대는 곧 임대가치라고 보면 된다.

지대가 임대가치와 같다는 점을 이해하기 위해 예를 들어보자. 현재 2등급 토지는 남아 있으므로 땅이 추가로 필요한 사람은 언제나 사용할 수 있다. 그러나 1등급 토지를 연간 10가마 이하의 대가를 주고 빌릴 수 있다면 당연히 1등급 토지를 사용하려고 할 것이다. 예를 들어 대가가 연간 9가마라고 하면 100가마 생산하여 9가마를 지불하더라도 소득이 91가마로서 2등급 토지에서 농사를 짓는 것보다 낫다. 반면 현재 1등급 토지의 지주가 자기 토지를 임대하여 연간 10가마를 넘는 대가를 받는다면 이를 임대하고 자신은 2등급 토지를 사용하게 될 것이다. 예를 들어 대가로 11가마를 받을 수 있다면, 자기 땅을 빌려주고 2등급 토지를 사용할 경우 소득이 101가마가 되어, 자신이 1등급 토지를 사용하는 것보다 낫다. 양쪽의 사정이 이와 같기 때문에 결국 1등급 토지의 연간 임대료는 10가마로 형성된다. 즉 지대는 임대가치를 의미한다.

제2진이 추가로 도착하면

시간이 흘러 제2진 5가구가 추가로 도착하는 상황을 생각해 보자. 그러면 각 가구는 [표 2]처럼 토지를 차지하게 될 것이다.

[표 2] 제2진 도착 후의 토지 등급과 취득 가구

토지 등급(생산)	취득 가구			
1등급(100가마/년)	1진A	1진B	1진C	1진D
2등급(90가마/년)	1진E	2진F	2진G	2진H
3등급(80가마/년)	2진I	2진J		
4등급(70가마/년)				

3등급 토지를 차지하는 가구와 비교할 때, 1등급 토지를 차지하는 가구는 연간 20가마만큼, 2등급 토지를 차지하는 가구는 연간 10가마만큼 유리하다. 그러므로 정부가 환수할 금액은 A부터 D까지의 가구에게서는 연간 20가마씩 그리고 E에서 H까지의 가구로부터는 연간 10가마씩, 총 연간 120가마이다. 환수한 120가마를 10가구에 균등하게 배분한다면 가구당 12가마씩 돌아갈 것이고 따라서 각 가구의 소득은 연 92가마가 된다.

이런 결과는 "평등은 현 국민 간의 평등만이 아니라 세대 간의 평등도 포함한다"고 한 제도설계의 전제(평가기준 2-1)에 부합한다. 제1진만이 살고 있을 때는 연간 총지대 40가마를 5가구가 각각 8가마씩 나누어 가짐으로써 현 국민 간의 평등이 달성되었고, 제2진이 합류한 후에는 연간 총지대 120가마를 도착 순서에 관계없이 10가구가 각각 12가마씩 나누어 가짐으로써 세대 간 평등도 달성되었다.

다만, 정부가 존재하고 정부 활동을 위해 비용이 필요하다면, 환수한 금액을 그 비용에 우선 충당하는 것이 좋겠다.

1등급 토지에는 연간 20가마씩, 2등급 토지에는 연간 10가마씩, 연간 총 120가마의 지대가 발생한다. 120가마를 징수하여 10가구에 균등하게 배분한다면 각 가구의 소득은 연 92가마가 된다.

지대는 불로소득

무인도의 예와 관련하여 몇 가지를 추가로 언급해둔다.

첫째로, 지대를 특정인이 차지한다면 불로소득이 되어 버린다. 위의 예에서 보듯이 지대는 소유자의 생산적 노력에 의해서가 아니라 단지 인구가 증가하여 열등한 토지가 추가로 사용된다는 사실에서 발생하기 때문이다.

또 위의 예에서는 설명을 단순하게 하기 위해서 토지가 농업용으로만 사용되는 경우에 대해서만 보았지만, 인구가 증가하면 상업용지와 공업용지도 필요하고 별도의 주거용지도 필요하다. 이런 용도에 충당하기 위해서는 종전의 농지가 전용되기도 하고 새로운 토지가 개발되기도 한다. 새로운 용도의 토지는 농지와는 달리 물리적인 형질보다는 위치가 매우 중요한 요인이 되며 그 지대도 농지보다 훨씬 높은 금액으로 결정되는 것이 보통이다. 이런 지대도 토지소유자의 노력에 의해 창출된 것이 아니므로 이를 특정인이 차지한다면 역시 불로소득이다.

둘째로, 위의 예처럼 생산에 필요한 요소가 토지와 노동뿐인 단순한 경제에서는 임금은 한계토지의 생산과 같다. 생산 결과는 지대와 임금으로 나누어지는데 한계토지에서는 지대가 0이기 때문에 생산한 것이 모두 임금이 된다. 한계토지란 사용되는 토지 중 가장 생산성이 낮은 토지로서 제1진만 이주한 경우에는 제2등급 토지가 한계토지이다. 이런 상황에서는 연간 90가마의 임금을 받지 않고는 아무도 남을 위해 일을 하려고 하지 않을 것이다. 주인 없이 개방되어 있는 2등급 토지에서 같은 일을 하면 90가마의 소득을 얻을 수 있기 때문이다. 마찬가지 이치로, 제2진이 도착한 후에는 제3등급 토지가 한계토지이며 연간 임금은 80가마가 된다.

셋째로, 무인도에 제1진만 살 때는 가구당 연소득이 98가마였는데 제2진이 도착한 후에는 92가마로 6가마 줄어들었다. 즉 다른 사정의 변화가 없이 인구만 증가하여 열등토지가 추가로 사용되었기 때문에 일인당 소득이 하락한 것이다. 그러나 현실에서는 인구 증가에 따른 분업, 기술발달 등으로 생산성이 상승하여 소득이 증가하는 경우가 더 많다.

넷째로, 위의 예에서는 지대를 100% 징수하여 배분한다고 하였는데, 현실 정책에서는 100%보다 약간 낮은 세율을 적용할 필요가 있다. 지대를 문자 그대로 100% 징수하면 개인의 입장에서 보면, 우등토지를 사용하든 열등토지를 사용하든 납세후의 소득은 동일하기 때문에, 구태여 더 좋은 토지를 사용하려고 애쓰지 않게 될 수 있다. 그러므로 사회 전체 총생산의 극대화를 위해서는 좋은 토지부터 사용하도록 동기를 부여할 필요가 있다. 정의를 훼손하지 않는 범위 내에서 동기를 부여하려면 토지소유자에게 지대의 일부를 남겨 두는 것이 좋겠다. 다만 이 유보 비율은 토지투기를 야기하지 않을 정도에 그쳐야 한다. 유인으로 작용하면서도 토지투기를 일으키지 않는 비율은 5% 내지 10% 가량으로 생각된다.

물론, 토지의 특성은 다양하고 기업은 지대소득이 없더라도 사업 자체의 수익성을 고려하여 적절한 위치에 입지를 찾기 때문에 지대를 모두 징수하더라도 대체로 적절한 토지이용이 이루어질 것으로 기대된다. 이는 현재 타인의 부동산을 임대하여 지대를 모두 지불하는 수많은 기업이 시내 중심지를 채우고 있다는 점만 보더라도 알 수 있다. 그러나 무인도의 예처럼 토지의 용도가 동일하고 사회의 기술수준이 동질적인 경우도 있으므로 우등토지부터 사용하도록 동기를 부여하는 것이 좋겠다.

토지를 배분하는 방식

토지원리에 부합하도록 토지를 배분하는 방식에는 여러 가지가 있다. 이때 단독사용을 인정하기 위한 세 조건 중에서 둘째와 셋째 조건은 만족시키는 것으로 가정한다. 즉 단독사용의 대가인 지대를 환수하며, 취득자의 사용행위는 단독사용을 인정하는 사회적 취지에 부합한다는 것이다. 이런 가정하에서 토지취득 기회 균등보장이라는 첫째 조건에 맞는 배분방식을 생각해 보자.

배분방식은 토지를 최초로 배분하는 경우냐, 혹은 일단 배분된 토지를 뒤에 다시 배분하는 경우냐에 따라 약간 달라진다.

최초배분의 경우, 정부가 관여하지 않는 방임형으로는 선점자가 취득하게 하는 방식이 있고, 정부가 관여하는 방식으로는 추첨을 통해 배분하는 방식, 입찰을 통해 배분하는 방식, 정부가 취득 희망자를 심사하여 배분하는 방식이 있다. 선점, 추첨, 입찰은 형식적 기회균등에 완전히 부합하는 방식이며, 심사는 정부가 공정하게 한다면 실질적 기회균등에도 기여할 수 있다.

일단 배분된 토지를 대상으로 하여 후속배분을 할 경우에는 선점이라는 방식은 적용될 여지가 없다. 그 대신 방임형으로서 당사자 간의 합의에 의해 배분되는 시장 방식이 있다. 그 외 다른 방식은 최초배분의 경우와 동일하다.

또 어떤 계기가 있을 때 토지를 다시 배분할 것인지도 중요한 문제이다. 예를 들어, 현 권리자가 토지를 내놓았을 때, 일정한 주기로, 새로운 주민이 발생할 때, 또는 사전에 합의한 사유가 발생할 때 다시 배분할 수 있을 것이다. 시장 방식의 경우에는 응당 현 권리자가 토지를 내놓을 때 소유가 이전되겠지만 다른 방식에서는 꼭 그렇지는 않다.

새로운 주민이 발생할 때마다 토지를 다시 배분하면 모든 사람에게 기회를 완전히 개방한다는 점에서는 가장 좋으나 토지사용권이 언제 타인에게 넘어갈지 모르기 때문에 토지사용자가 불안해 한다는 문제가 있다. 일정한 주기로 다시 배분을 할 경우에도 주기가 짧으면 역시 같은 문제가 생긴다. 그러므로 토지를 안심하고 사용하게 하려면 주기를 길게 하거나 현 권리자가 토지를 포기할 때 배분하는 것이 좋다. 이렇게 하면 신참 주민의 토지 취득 기회가 제약된다는 문제가 있기는 하지만, 신참 주민도 토지사용자가 사회에 납부하는 단독사용의 특별이익을 공유하기 때문에 평등한 자유에 위배된다고는 볼 수 없을 것이다.

배분방식의 효율성 평가

각 배분방식을 효율성의 기준으로도 평가해 보자. 효율성 기준은 두 가지로 나눌 수 있다. 하나는 토지가 최선사용자에게 배분되는가이고 다른 하나는 사회적 배분비용이 적게 드는가이다. 사회적 배분비용이란 제도를 유지하는 데 드는 정부비용과 국민이 그 제도에 적응하는 데 드는 민간비용의 합계이다.

최선사용의 측면에서 보면, 토지 취득자가 단독사용의 대가를 지불하기만 하면 각 배분방식이 비슷하다고 생각된다. 그런 대가를 지불할 만큼 토지를 잘 사용할 수 없는 사람은 토지를 취득하지 않을 것이기 때문이다.

정부비용 면에서 보면, 방임형 배분 즉 선점과 시장 방식이 가장 유리하고 정부 심사의 경우에 비용이 가장 많이 든다. 추첨과 입찰은 그 중간쯤 된다. 제도 적응을 위해 국민이 부담하는 민간비용 면에서 보면, 추첨의 경우 국민은 아무 노력을 하지 않고 기다리기만 하므로 비용이 가장 적게 들고 시장, 입찰, 심사에서는 경쟁과 정보수집 등의 비용이 발생한다.

이처럼 배분방식별로 각각의 특징과 장단점이 있으며, 현 주민 간·세대 간 기회균등 측면, 장단기적 토지사용도 및 배분비용 측면에서 다른 모든 방식을 압도할 만큼 특별히 뛰어난 특정 방식이 있는 것은 아니다. 다만 우리의 설계에서는 토지배분을 원칙적으로 시장에 맡기는 것으로 한다. 그 이유는 다음 두 가지이다.

첫 번째, 무인도로 이주하는 주민이 "사회적으로 필요하지만 민간에 맡겨 두기 곤란한 일을 정부가 담당한다"고 합의하였기 때문이다. 즉 민간이 우선이고 정부는 부차적인 존재라는 것이다. 그러므로 배분방식 간의 우열이 분명하지 않으면 일단 민간에 의해, 즉 정부가 개입하지 않는 시장에 의해 토지가 배분되도록 하고 문제가 발생할 경우에만 정부가 개입할 수 있게 한다.

두 번째, 아래에서 곧 살펴보겠지만, 현실에서 경험하는 대부분의 토지시장 문제는 토지원리가 제대로 지켜지지 않아 생기는 것이기 때문이다. 애초에 토지원리에 맞는 토지제도를 설계한다면 정부 개입도 대폭 줄어들게 된다.

토지원리의 확대: 천연자원과 환경

위에서 우리는 토지원리를 정립하여 보았다. 토지원리는 토지가 생산물이 아니라는 사실에서 출발한 것이므로 동일한 성질을 가진 모든 자연, 즉 자원이나 환경 등에도 당연히 확대 적용할 수 있다. 토지원리에서 '토지'를 '자연'으로 바꾸면 다음과 같다.

① 모든 국민은 자연에 대해 평등한 권리를 가진다.
② 사회적 필요성이 있으면 사회적 합의에 의해 단독사용을 인정할 수 있다.
③ 단독사용을 인정하려면 다음과 같은 조건을 충족시켜야 한다.
　㉮ 자연 취득 기회를 균등하게 보장한다.
　㉯ 단독사용에서 생기는 특별한 이익을 환수하여 같이 나눈다.
　㉰ 단독사용을 인정하는 사회적 취지에 적합하게 사용한다.

여기에서 자연은 다음과 같은 세 가지 종류로 나누어 볼 수 있다.

첫째로 토지처럼 위치와 존재량이 고정되어 있는 자연이 있다. 고정되어 있는 자연에 대한 사용 수요가 늘어나면 혼잡현상이 나타나고 그에 따라 지대가 발생한다. 오늘날 혼잡현상이 발생하는 새로운 예로는 전파대역, 위성궤도 등을 들 수 있다. 전파대역은 라디오, 텔레비전, 이동통신 등의 전파를 실어 나르는 통로이기 때문에 오늘날 수요가 급속히 늘어나고 있어 주목된다. 이런 종류의 자연을 특정인이 사용하면 다른 사람은 사용할 수 없다. 즉 타인을 배제하는 결과가 생긴다. 이런 점에서 토지와 공통된다. 따라서 환수액은 배제의 대가인 지대가 된다.

둘째로 토지 이외의 천연자원이 있다. 예를 들면 광물, 석유, 천연동식물, 오존층 등이다. 이 종류의 공통성은, 특정인이 이를 사용하면 같은 시대의 다른 사람을 배제할 뿐만 아니라 일단 사용해버리면 그 존재량이 줄어버리기 때문에 후손도 배제한다는 점이다. 따라서 환수액은 지대 이외에 고갈 피해액 내지 자원대체비용이 된다. 오존층의 파괴는 아래에서 언급하는 오염 대상의 하나이기도 하지만 고갈이 될 뿐 회복이 되지 않는다는 점에서 천연자원의 하나로 포함시켰다.

셋째로 오염 대상으로서의 환경이 있다. 예를 들면 공기, 물 등이다. 이 종류는 오염으로 인해 특정인의 사용이 타인뿐 아니라 후손들도 배제한다는 점에서 위의 두 번째 범주와 공통되지만 회복이 가능하다는 점에서 차이가 있다. 환수의 대상은 지대 이외에 오염 피해액 내지 환경회복비용이 된다.

최근 환경오염에 대한 경각심이 높아짐에 따라, 공동의 환경을 마치 자기 혼자만의 것인 양 함부로 사용하는 자에게 환경세 등 부담을 지워야 한다는 인식이 폭넓은 공감대를 형성하고 있다. 그럼에도 불구하고, 주인이 따로 없는 환경과는 달리 토지는 이미 사유화되어 있기 때문에 기득권을 수호하려는 이해관계와 관습에 의해 생긴 단순한 편견이 같이 작용하여 많은 사람들이 토지원리와 환경원리가 같다는 사실을 보지 못하고 있다.

토지, 천연자원, 환경을 비교하면 다음 표와 같다.

[표 3] 토지 · 천연자원 · 환경의 비교

대상	사용 결과	배제되는 사람	환 수 액
토지	배제	타인	지 대
천연자원	배제, 고갈	타인, 후손	지대 + 고갈피해액(자원대체비용)
환경	배제, 오염	타인, 후손	지대 + 오염피해액(환경회복비용)

또한 토지원리는 자연 이외에도, 개인의 노력에 의해서가 아니라 사회가 공동으로 창출한 공동의 자원에까지 확대 적용할 수 있다. 그 좋은 예로 정부 권력이 있다. 정부는 국민 전체의 이익을 위해 존재하고 정부의 권력은 국민이 각자의 자유를 유보하는 데 동의함으로써 발생하므로 정부 및 정부권력은 국민 공동의 자원이다. 따라서 모든 국민은 정부 및 정부권력에 대해 평등한 권리를 가진다. 그런데 정부가 그 권력을 배경으로 특정 주체에게 어떤 우선권을 부여한다면 – 예를 들면 특허권 내지 독점권의 부여, 특정업체를 위한 진입장벽 설정 등 – 이는 토지에 대한 단독사용을 인정하는 것과 같다. 그러므로 토지에 대한 단독사용을 인정할 경우와 동일한 조건이 이런 경우에도 적용되어야 한다. 즉 첫째로

모든 국민은 우선권을 취득할 균등한 기회를 가져야 하고 둘째로 우선권으로 인해 특별한 이익이 발생한다면 이를 환수해야 하며 셋째로 우선권자는 사회적 취지에 적합하게 이를 사용하여야 한다는 조건이 그것이다.

설계안의 요약

지금까지 무인도에 적용할 토지제도 설계와 관련된 여러 가지 측면을 살펴보았다. 이러한 고려를 바탕으로 하여 마련된 설계안은 다음과 같다.

1. (토지 사유) 토지 가운데 최소한 주거용 및 기업용 토지는 사적 소유를 인정한다. 사회적으로 필요한 경우 다른 용도의 토지에 대한 사유도 인정할 수 있다.
2. (최초 배분) 토지를 개인에게 최초로 배분할 경우에는 추첨, 입찰, 심사 중 상황에 따라 적절한 방식을 채택할 수 있고 경쟁이 없는 경우에는 평화적 선점도 인정한다.
3. (시장 원칙) 최초 배분 이후의 토지배분은 시장에 맡기는 것을 원칙으로 한다.
4. (지대 징수) 모든 사유 토지에 대해 지대를 징수한다. 다만 입찰의 경우에는 낙찰액을 징수한다.
5. (징수액의 용도) 징수한 지대는 정부비용에 우선 충당하며, 충당 후 남는 금액이 있으면 모든 주민에게 평등하게 분배한다.
6. (토지 사용) 사유 토지의 사용은 사유를 인정한 사회적 취지에

적합하도록 하여야 한다.
7. (확대 적용) 토지원리는 토지 이외에 자원·환경과 같은 자연, 사회가 창출한 공동의 자원에도 확대 적용한다.

이 제도는 토지제도이기도 하지만, 지대를 환수하여 정부 비용으로 한다는 점에서 조세제도이기도 하다. 또한 토지원리는 개인의 노력에 의해 창출되지 않은 다른 모든 사회적 특권에 관한 기본원리가 되기도 한다.

메이플라워, 그 후

책의 첫머리에서 이상사회를 건설하기 위해 메이플라워 호를 타고 미국 대륙으로 이주한 필그림 파더즈에 대해 이야기하였다. 1621년 4월에 선출되어 1657년 사망할 때가지 촌장을 지낸 브래드포드(Governor William Bradford)가 저술한 『플리머스 개척사』(Of Plymouth Plantation)를 토대로 이들의 초기 생활을 살펴보자.

이주자들은 1620년 초겨울에 도착한 후 이듬해부터 농사를 짓기 시작하였다. 처음에는 토지를 공동으로 경작하고 수확도 공동으로 소유하였다. 주민이 종교적 신념으로 뭉친 동지였기 때문에 이런 방식을 택했을 것으로 생각된다. 그런데 이런 제도를 2년간 실시해 보았으나 주민들이 기대만큼 일을 열심히 하지 않게 되었다. 열심히 일한 사람이나 그렇지 않은 사람이나 수확을 다같이 나누어야 했기 때문이다. 그래서 1623

년에는 충분한 토론을 거친 후, 촌장이 각 가족의 형편을 감안하여 토지를 배정하는 방식으로 변경하였다.

자신이 생산한 것을 자신이 가져가는 새 제도가 도입되자 사람들은 종전보다 더 열심히 일을 하게 되었다. 그 해 여름에는 유난히 가뭄이 심하여 농사가 어려워졌으나 주민이 합심하여 기도하였고 그 후 다행히 비가 와서 위기를 넘겼다. 가을에는 종전에 비해 풍성한 수확을 맞이하였는데 브래드포드 촌장은 이를 기념하기 위해 11월 29일을 감사의 날로 선포하였다. 이것이 오늘날 미국에서 크리스마스 다음의 큰 명절로 치는 추수감사절의 기원이라고 한다. 주민들은 이런 풍성한 수확을, 인간의 자연스러운 본성에 맞는 새로운 사회제도에 대한 하나님의 축복이라고 생각하지 않았을까?

이와 같은 필그림 파더즈의 사회제도를 무인도의 설계안과 비교해 보면 다음과 같다.

1. (토지 공유) 토지의 공동 소유제도는 그대로 두었지만 토지의 단독 사용을 인정하였다. 그 사용결과(생산물)의 사유도 물론 인정하였다.
2. (최초 배분) 토지는 각 가족의 형편을 감안하여 촌장이 배정하였다. 즉 심사를 통해 배분하였다.
3. (지대 대책) 지대를 징수하지는 않았다. 최초에는 토지에 비해 인구가 적어 각 가족이 사용하는 토지의 질이 서로 비슷했기 때문으로 생각된다.

이를 통해서 볼 때, 생산물을 공유하는 사회제도하에서는 개인적

인센티브가 줄어들기 때문에 경제적 효율을 위해서는 생산의 결과를 생산자에게 귀속시키는 제도가 필요하다는 점을 알 수 있다. 또 토지에 대해서는 사용권만 보장하면 충분하고 토지 자체를 사유화할 필요는 없다는 점도 알 수 있다.

Ⅲ. 우리의 토지 현실

토지사유제, 시작부터 문제 있다

지금까지, 기존 제도가 존재하지 않는 무인도에서 처음 실시할 바람직한 토지제도의 설계안을 보았다. 이제 이런 설계안에 비추어 볼 때 우리 현실은 어떤가를 생각해 보자.

무인도의 경우와는 달리 현실에서는 제도가 사전 설계에 의해 형성되기보다는 주민 사이의 세력관계에 따라 형성되는 것이 보통이다. 이렇게 형성되는 현실의 토지제도는 토지원리에 부합되기 어렵다.

현재 우리 사회의 토지제도는 토지사유제이다. 즉 시장을 배분기구로 하고 토지소유자가 토지에 대한 전면적인 지배권을 갖는다. 토지사유제는 두 가지 점에서 토지원리에 어긋난다. 배분의 기회균등이 어느 단계에선가는 지켜지지 않았다는 역사적 오점이 있다는 점 그리고 지대를 환수하지 않는다는 점이다.

먼저 역사적 오점에 대해서 보자. 토지소유의 연혁을 최초배분에서

부터 현재에 이르기까지 살펴본다면, 평화로운 선점에서 시작되어 계속해서 평화롭게 소유가 이전되어 온 경우는 극히 드물 것이고 대부분은 어느 단계에선가는 정치적·물리적 폭력 또는 사기에 의한 취득이 있었을 것으로 생각된다. 그러나 세월이 지나고 정부의 질서 유지 기능이 강화됨에 따라 평화적인 소유권 이전이 계속되었고, 토지사유제 사회에서는 시장에 의한 배분이 보편적으로 이루어졌다. 이런 경우, 오래전에 토지를 부당하게 취득하였다는 흠을 이유로 현 토지소유권을 무효로 할 것인가라는 어려운 질문이 기다리고 있다.

이와 같은 철학적인 질문은 법률 문제가 아니지만 법률적으로 해결한다고 해도 현재의 토지 사유를 인정하기 어렵다. 토지 사유의 철저한 보장을 사명으로 하는 우리 민법 제245조 제1항은 다음과 같이 규정하고 있다. "20년간 소유의 의사로 평온, 공연하게 부동산을 점유하는 자는 등기함으로써 그 소유권을 취득한다." 평온이란 폭력적으로 이루어진 것이 아니라는 뜻이고 공연하다는 것은 비밀리에 이루어진 것이 아니라는 뜻이다. 이 민법 조문은 정치적·물리적 폭력 내지 사기에 의해 평온하지 않게 또는 공연하지 않게 점유를 시작한 부동산에 대해서는 등기를 한다고 해도 정당한 소유권이 생기는 것이 아니라는 말과 같은 뜻이다. 이런 정당하지 않은 소유자에게서 토지를 매입한 사람 역시 권리 없는 자에게서 토지를 매입하였으므로 법률적으로 유효한 소유자가 될 수 없다. 그렇다면 오늘날의 대다수 토지소유권은 무효가 된다.

그런데 민법 제245조 제2항은 이렇게 되어 있다. "부동산의 소유자로 등기한 자가 10년간 소유의 의사로 평온, 공연하게 선의이며 과실 없이 그 부동산을 점유할 때에는 소유권을 취득한다." 보기에 따라서는 제2항은, 출발은 어떻든 토지를 등기하고 별 탈 없이 시간만 지나가면 합법적인 소유자가 된다는 뜻 같기도 하다. 이상한 조문이다. 그러나 오늘날에는 제2항에 의해 소유권을 취득하는 사례는 사실상 전무하다고 해도 과언이 아니다. 미등기 토지에 대해 소유권 보존등기를 하려면 토지대장등본, 임야대장등본에 소유자로 등록이 되어 있거나 판결, 수용 등에 의한 증명이 있어야 하기 때문이다.

한때 '성공한 쿠데타는 처벌할 수 없다'는 이유로 내란 범죄자를 처벌하지 않기로 방침을 세운 일도 있었고 그러나 후에 같은 쿠데타에 대해 처벌한 사례도 있었다. 그러면 부당한 토지소유는 사실상 성공(?)했다는 이유로 또는 오랜 시간이 지났다는 이유로 또는 역사적 흠을 입증하기 어렵다는 이유로 현재의 토지소유를 정당한 것으로 묵인할 것인가 아니면 지금이라도 무효임을 선언할 것인가?

지대를 환수하지 않는 것도 문제

또 하나의 문제는 지대를 환수하지 않고 방치한다는 점이다. 이럴 경우 토지불로소득이 발생할 가능성이 높아진다. 토지불로소득은 토지소유자가 생산적인 노력을 하지 않고도 단지 토지소유권을 가지고 있다는 이유만으로 얻게 되는 이익을 말한다.

시장배분 방식에서는, 지대를 환수하지 않는다고 해도 토지매입자가 불로소득을 얻을 수 없다는 견해도 있다. 토지매입자는 전 소유자에게 지가를 지불하는데, 지가란 앞으로 토지를 소유하는 데서 생길 이익을 모두 거래시점의 가치로 환산한 금액이기 때문에, 이 금액을 다 지불하고 매입한 사람에게는 특별한 이익이 없다는 것이다.

이 견해는 토지시장이 완전경쟁시장일 경우에는 타당하다. 모든 정보가 완벽하다고 가정하는 완전한 시장에서 지가는 거래시점 이후의 모든 지대의 합과 등가관계에 있으므로 일단 지가를 지불하고 토지를 매입한 사람에게는 토지불로소득이 생길 수 없다.

그러나 토지의 수명이 영구적이고 토지소유권의 기한도 무기한인 데 반해 인간의 미래예측 능력은 극히 제한되어 있기 때문에 현실의 토지시장은 매우 불완전하며 그로 인해 토지소유자에게 상당한 불로소득이 돌아가는 경우가 많다. 드물기는 하지만 토지소유자가 손실을 입는 수도 있는데, 이는 크기가 음수인 토지불로소득이라고 부를 수 있겠다.

이것이 토지불로소득이다

토지불로소득은 토지소유자의 수입에서 비용을 뺀 것과 같다. 예를 들어 자금을 빌려 토지를 매입한 후 그 토지를 임대하고 있다가 일정기간 후 매각하고 빌린 돈을 갚는 경우를 생각해 보자. 그러면 토지소유자는 토지를 소유하고 있는 동안 임대료 수입을 얻고 토지를 매각할 때 매각지가 수입을 얻는다. 한편 토지소유자는 토지소유기간 동안 이자를 물다가 토지를 매각한 후 원금을 상환하므로 이자와 매입지가가

비용이 된다.

이런 사실을 식으로 정리하면 아래와 같다. 토지임대료 수입은 지대라는 용어로 바꾸어 표시하기로 한다.

토지불로소득 = 토지소유자의 수입 − 토지소유자의 비용

토지소유자의 수입 = 지대 + 매각지가

토지소유자의 비용 = 매입지가 + 매입지가에 대한 이자

위의 식을 아래와 같이 약간 변형해 보자.

토지불로소득 = (지대 + 매각지가) − (매입지가 + 이자)

= (지대 − 이자) + (매각지가 − 매입지가)

= 지대이자차액 + 매매차액

위 식을 보면 토지불로소득은 토지를 보유하고 있는 동안 발생하는 지대이자차액과 토지를 매각할 때 발생하는 매매차액으로 구성되어 있음을 알 수 있다. 만일 토지소유자가 부담하는 조세와 같이 토지소유에 부수되는 비용이 있으면 위 식에서 빼주어야 한다.

위의 식에서 보듯이 토지불로소득은 토지를 보유하는 동안 지대와 이자의 차액만큼 실현되고 토지를 매각할 때 매매차액만큼 실현된다. 예를 들어 1억 원을 빌려서 토지를 매입하여 임대한 후 5년 후에 1억5천만 원에 판다고 하자. 또 이 사회의 이자율은 연간 5%로서 매년 500만

원의 이자를 무는 반면 토지를 보유하는 5년간 매년 말에 400만 원, 500만 원, 600만 원, 700만 원, 800만 원의 임대료 수입이 생긴다고 하자. 그러면 토지를 보유하는 동안 매년 말에 지대이자차액이 - 100만 원, 0 원, 100만 원, 200만 원, 300만 원이 생기고 토지를 매각한 후 원금 1억 원을 갚음으로써 매매차액 5천만 원이 발생한다. 이런 상황을 아래 표에 요약하였다.

[표 4] 토지소유자의 수입, 비용, 토지불로소득(수입 - 비용)

수입과 비용		1년 후	2년 후	3년 후	4년 후	매각시점
수입	매각지가					1억5천만 원
	지대	400만 원	500만 원	600만 원	700만 원	800만 원
비용	매입지가(상환액)					1억 원
	이자	500만 원	500만 원	500만 원	500만 원	500만 원
수입-비용	매매차액					5000만 원
	지대이자차액	-100만 원	0	100만 원	200만 원	300만 원

위의 상황은, 토지불로소득은 양도소득 즉 매매차액뿐이라고 생각하는 상식과 비교해 볼 때 지대이자차액이 추가되어 있다는 점에서 차이가 있다. 매매차액은 자본이득(capital gains)의 하나이다. 자본이득이란 토지, 공사채, 주식 등의 가격상승으로 생기는 차익을 말한다. 매매차액과 같은 자본이득은 일시에 큰 금액이 실현되는 경우가 많아 쉽게 주목의 대상이 되지만 지대이자차액은 보통 계속해서 조금씩 실현되기 때문에 별로 눈에 띄지 않는다. 위의 예를 보더라도 매매차액은 5천만 원이나 되는데 토지를 보유한 5년간의 지대이자차액은 불과 500만 원밖에 안 된다. 그러나 토지를 오랫동안 보유하면 지대이자차액도 엄청난 금액이 될 수 있으

므로 결코 무시해서는 안 된다. 우리나라 알부자들의 소득 중 가장 큰 비중을 차지하고 있는 항목이 바로 부동산 임대소득이라는 사실에 주목해야 한다.

위의 예에서는 돈을 빌려서 토지를 매입하고 그 토지를 임대한다고 하였지만 토지를 자기 돈으로 매입하고 소유자 자신이 사용하더라도 결과는 같다. 자기 돈으로 매입하더라도 그 돈을 다른 용도로 사용할 경우에 얻을 수 있는 금액, 즉 이자만큼은 기회비용으로서 역시 비용이 된다. 또 토지를 자신이 사용하더라도 지대만큼의 이익이 생기는데 이런 이익은 귀속지대로서 역시 수입이 된다.

기회비용(opportunity cost)이란 한 가지 용도로 사용함으로써 포기할 수밖에 없는 다른 용도의 가치를 의미한다. 예를 들어 1억 원으로 토지를 살까 예금을 할까 생각하다가 토지를 샀다면 이는 이자수입을 포기하는 것이 된다. 따라서 예금했을 때의 수입, 즉 이자 500만 원은 1년간의 기회비용이 된다. 또 토지를 다른 사람에게 임대하지 않고 자기가 사용할 때의 지대를 귀속지대(imputed rent)라고 한다. 예를 들어, 임대를 하면 연간 400만 원의 수입이 생길 토지를 지주가 직접 사용한다고 하면, 임대료 400만 원을 포기하는 것 같지만 실은 그 땅이 다른 사람 소유라고 할 때 지불해야할 비용인 400만 원이 절약되므로 손해가 아니다. 다른 식으로 표현하면 지주가 자기 자신에게 임대하고 자가 자신에게서 지대를 받는 것과 같다. 이때의 지대를 귀속지대라고 한다.

우리나라 토지불로소득은 얼마나 될까? 지가가 한참 폭등하던 1988

년, 1989년, 1990년의 경우 실제 거래에 의해 실현된 매매차액이 당해 연도 국민총생산의 20%, 27%, 26%였고, 거래 여부와 관계없이 발생한 지가차액은 당해 연도 국민총생산의 51%, 71%, 50%나 되었다.[1] 그러나 이것도 매매차액만 계산한 것이므로 지대이자차액을 감안한 실제 토지불로소득은 이보다 훨씬 더 크다는 점을 지적해 둔다.

한편 토지취득비용이 들지 않은 경우, 예를 들면 토지를 증여, 상속 등에 의해 무상으로 취득하는 경우 또는 토지를 선점하거나 타인에게서 강탈하는 등의 경우 토지불로소득은 위 식에서 매입지가에 0을 대입하면 된다. 즉 다음과 같이 된다.

토지불로소득 = 토지보유기간의 지대 + 매각지가

토지불로소득의 폐해

현재 자본주의 사회에서 보편화된 토지제도인 토지사유제에서는 토지소유자가 토지불로소득의 상당 부분을 차지하고 있으며 그 결과는 우리가 1960년대 이래 너무나 익숙하게 보아왔듯이 사회의 정의와 효율을 심각하게 해치는 것으로 나타난다. 각종 폐해 중 잘 알려진 몇 가지만 예를 들어보기로 한다.

---

1) 실현된 지가차액의 출처는 이정우(1991), "한국의 부, 자본이득과 소득불평등", 경제논집(서울대경제연구소), 30, 3: 327-362. 발생한 지가차액의 출처는 김흥린(1993), "한국 지가상승에 따른 토지발생 자본손익의 추정, 1953-1990", 경제학 연구, 41, 2: 93-114.

우선 정의와 관련해서. 첫째, 토지불로소득은 '성실한 사람이 잘 사는 사회', '노력과 기여에 따라 소득을 얻는 사회'와 같은 보편적인 정의감정을 해침으로써 건전한 사회를 건설할 수 있는 도덕적 기반을 와해시킨다.

둘째, 소득 및 부의 분배에 있어서 불평등이 심해진다. 토지불로소득이 발생하는 사회에서는 누구나 토지를 많이 소유하고 싶어 하는데, 이미 토지를 많이 소유하고 있는 부유층의 경우 토지 담보 등의 방법으로 자금을 동원하기도 유리하므로 손쉽게 더 많은 토지를 취득하게 된다. 그로 인해 토지소유가 편중되고 토지로 인한 빈부격차도 가속화되는 악순환이 발생한다.

다음으로 사회의 효율과 관련하여. 첫째, 투자가 왜곡된다. 상당한 규모의 토지불로소득이 상시적으로 발생할 경우 기업은 투자를 생산적인 대상에 국한하지 않게 된다. 당장은 불필요하더라도 토지에 투자함으로써 토지불로소득을 포함한 전체 이익의 극대화를 추구할 수 있기 때문이다. 하지만 그로 인해 기업 자금의 상당 부분이 생산성과는 무관한 토지 매입·보유에 낭비된다. 또 토지매입을 위한 자금 수요로 이자율이 생산성 이상으로 높아져 투자는 점점 더 왜곡된다.

둘째, 토지가 정상적으로 사용되지 않는다. 토지불로소득이 많이 발생하는 사회에서는 토지를 제대로 사용하지 않더라도 충분한 이익이 생기고 때로는 토지를 방치하는 것이 더 이익이 되기도 하기 때문에 유휴토지가 발생한다. 또 한편으로는 토지불로소득을 노리는 개발압력이 높아져 토지가 실수요 이상으로 지나치게 개발되고 환경이 파괴된다.

1990년대 초에 전세값 상승으로 길바닥에 내몰린 가족이 집단으로 자살하는 일까지 있었다.

셋째, 노동 부문에도 나쁜 영향을 준다. 지가가 상승하면 주택 임대료도 상승하는 경우가 많다. 1990년대 초에 전세값 상승으로 길바닥에 내몰린 가족이 집단으로 자살하는 일까지 있었다. 이런 상황에서 자기 집을 소유하지 않은 노동자들은 임금인상을 요구하게 되는데, 노동생산성의 향상이 동반되지 않는 임금 인상은 기업의 경쟁력을 약화시키며, 임금을 인상하지 않으면 노사분쟁으로 인해 역시 기업의 경쟁력이 약화된다. 또한 토지불로소득으로 잘사는 계층이 존재하면 성실한 노동자의 근로의욕이 저하된다.

넷째, 지가를 왜곡한다. 현실의 지가는 실수요를 반영하여 형성되는 정상지가와 불로소득을 추구하는 가수요로 인한 투기가격으로 구성된다. 토지불로소득은 투기가격을 부풀리기 때문에 지가가 부당하게 상승하여 꼭 필요한 토지를 취득하려는 실수요자까지 압박한다. 또 투기로 부풀려진 지가의 거품이 꺼지는 경우에는, 토지를 담보로 잡고 대출한 금융기관이 부실하게 되어 경제 전반이 침체한다. 전형적인 사례를 일본에서 확인할 수 있다. 일본은 1990년 이후 10여 년 동안 지가가 4분의 1 수준으로 하락하였으며 그 과정에서 토지를 담보로 하여 대출하였던 금융기관이 부실화되면서 일본경제 전체가 장기 침체에 빠져 들었다.

토지불로소득을 환수하는 방법

토지불로소득을 방치하면 이러한 심각한 사회문제를 일으킨다. 토지불로소득은 근본적으로 토지원리 중 지대환수의 조건을 지키지 않아 생기는 것이므로 처음부터 지대를 환수했다면 아예 이런 문제가 발생하지 않았을 것이다.

그런데 토지사유제가 이미 확립된 사회에서는 어떻게 할 것인가? 그 답은 간단하다. 앞에서 정의하였듯이 이 경우의 토지불로소득은 지대 전체가 아니라 지대이자차액과 매매차액이므로 이 두 가지를 징수하면 된다.

이때 지가는 평가할 필요가 없이 토지거래 당사자 쌍방이 합의한 거래가격을 신고하도록 하면 된다. 토지매각자는 가능한 한 낮게 신고하여야 매매차액이 줄어들고, 토지매입자는 가능한 한 높게 거래가격을 신고해 두어야 나중에 매각할 때의 매매차액이 줄어든다. 이처럼 신고금액에 관해서는 양자의 이익이 상반되기 때문에 당사자의 자율에 맡겨도 실제의 거래가격이 신고될 것으로 기대할 수 있다.

다만 신고가격에 비례하여 발생하는 다른 비용 – 예컨대 등록세, 취득세 등 – 이 없거나 미미한 금액이고 또 세무당국이 신고가격을 과세자료로 활용한다는 조건이 필요하다. 그렇지 않으면 토지매입자도 거래가격을 낮게 신고하는 것이 유리한 경우가 생길 수 있기 때문이다.

한편 토지불로소득의 정의에서 지대의 범위를 어디까지로 할 것인지에 대해 여러 의견이 있을 수 있다. 첫째로, 실현된 지대소득만 포함시킬 것인가 아니면 실현 여부와 관계없이 토지를 제대로 활용한다면 발생할 수 있는 지대, 즉 잠재지대를 모두 포함시킬 것인가의 문제이다. 다시 말하면 토지소유자가 토지를 사용하지도, 임대하지도 않아서 지대가 소득으로 실현되지 않을 경우에도 지대를 징수 대상으로 삼을 것인지의 문제이다. 지은이는 잠재지대 역시 징수대상에 모두 포함시켜야 한다는 입장이다. 토지소유자가 땅을 제대로 사용하지 않는 것은 발생할 소득을 스스로 거부하는 것이므로 보호할 필요가 없을 뿐 아니라 놀리는 땅이라고 해서 과세하지 않는다면 토지의 유휴화를 조장하는 꼴이 되기 때문이다.

둘째로, 토지소유자의 행위에 따라 지대가 변화하는 경우도 있는데 그런 지대 변화액을 징수 대상에서 제외할 것인가의 문제이다. 예를 들어 자기 땅에 백화점을 지으면 백화점 부지의 지대가 상승하는데 그 상승분을 징수 대상에서 빼줄 것인가 아니면 그런 경우에도 원인을 묻지 않고 모든 지대를 징수 대상으로 할 것인가의 문제이다. 지은이는 이 경우에도 지대변화의 원인을 제공한 사람이 누구이건 가리지 않고 모든 지대를 환수하는 것이 좋다는 입장이다.

이 문제에 대한 자세한 논의는 생략한다. 관심이 있는 분은 머리말에 소개되어 있는 지은이의 다른 책(『토지정책론』, 2002: 120 – 126)을 참고하기 바란다.

양도소득세는 단점이 많다

토지불로소득을 징수할 때 흔히 양도소득세, 개발부담금과 같이 매매차액 내지 지가차액을 징수하는 방법을 쓴다. 지대이자차액은 소액이 분산되어 실현되지만 지가차액은 고액이 일시에 발생되어 쉽게 눈에 띄므로 지가차액만 징수하면 된다고 생각하기 쉽기 때문이다.

이 방법도 토지불로소득의 상당 부분을 징수하는 것은 사실이지만 다음과 같은 단점을 갖고 있다. 우선, 지가차액만을 징수할 뿐 지대이자차액은 방치한다. 그러므로 세율을 지가차액의 100%로 한다고 하더라도, 이자와 지대소득이 비슷한 금액인 경우를 제외하고는 토지불로소득을 완전히 징수하는 방법이 되지 못한다. 또 토지보유기간 동안 토지를 제대로 사용하지 않고 방치하더라도 조세로 인한 적극적인 손실이 발생하지 않는다는 점에서 토지의 효율적 사용을 적극적으로 촉진하는 기능이 없다.

이 방법에도 지가차액을 징수하는 시점에 따라 토지매각 시점에 징수하는 방식과, 매각을 하지 않더라도 보유하는 동안 – 정기적으로 또는 특별한 사유가 있을 때 – 징수하는 방식이 있다.

토지매각 시 지가차액을 징수하는 방식은 토지매물이 시장에 잘 나오지 않는 소위 '동결효과'(lock–in effect)의 원인이 되어 토지의 원활한 유통을 저해한다. 그 이유로 다음 세 가지를 들 수 있다. 첫째로 토지매입 후에 지대상승률이 당초 예상보다 높아지면 지대이자차액이 매우 큰 액수가 되므로 토지소유자는 토지소유를 계속함으로써 이익을 극대화하려고 하게 된다. 둘째로 토지소유자가 매매차액을 납부한 후의 나머지 금액으로는 동질의 토지를 매입할 수 없기 때문에 이사, 이전 등을 기피한다. 셋째로 납부세액에 대한 이자를 고려하지 않는 보통의 세제에서는 가급적 토지매각을 늦추려는 경향이 발생한다.

한편 토지매매 시점이 아닌 토지보유 기간 중에 지가차액을 징수하는 방식은 발생하기는 했지만 실현되지는 않은 소득에 과세하는 것이 되므로 토지소유자에게 자금 압박을 가할 위험이 있다.

지대이자차액만 징수해도 된다

지대이자차액을 잘 활용하면 매매차액을 0으로 만들 수 있다. 각 토지의 지가를 등기부에 기재해 두고, 기재된 지가에 대한 이자액을 지대에서 뺀 나머지 금액을 매년 징수하면 된다. 이때 등기부에 기재할 지가는 제도 실시 시점의 토지소유자가 과거에 토지를 매입했을 때 지불한 금액으로 하는 것이 가장 좋다. 토지불로소득의 정의에 부합하기 때문이다.

지대이자차액을 징수하면 토지매매차액이 0이 된다는 사실이 얼른 와 닿지 않을지 모르겠다. 이해를 돕기 위해 간단한 퀴즈를 먼저 풀어 보자. 첫 번째 퀴즈. 예금 이자율이 연 10%인 사회에서 연간 1천만 원의 이자가 생기는 통장이 있다. 이 통장에 들어 있는 원금은 얼마일까? 답은 물론 1억 원이다. 이자율 연 10%인 경우에 1억 원이 예금되어 있어야 연간 1천만 원의 이자가 생길 것은 당연하다.

이와 비슷한 또 하나의 퀴즈를 풀어 보자. 이자율이 연 10%인 사회에서 어느 증서의 소지자에게 연간 1천만 원의 수입이 생긴다고 하면 이 증서는 얼마에 거래될까? 답은 약 1억 원이다. '약' 1억 원이라고 한 것은 수입이 발생하는 시기에 따라 답이 약간 다를 수 있기 때문이다. 수입이 연 1회 발생한다고 하면 증서 가격은 1억 원과 1억1천만 원 사이가 된다. 수입 발생 직전에는 증서 가격이 1억1천만 원에 육박할 것이고, 수입이 발생하고 나면 즉시 1억 원으로 떨어진다. 그러나 수입이 매일 조금씩 나누어 발생한다면 1억 원을 약간 상회하는 일정한 금액으로 매일 동일하게 유지될 것이다.

이제, 증서 대신 토지를 대입해 보자. 어느 토지의 지가가 등기부에 1억 원으로 기재되어 있고 정부가 매년 토지소유자로부터 1억 원에 대한 이자를 제외한 지대를 징수한다고 하면 이 토지는 얼마에 거래될까? 이 경우 토지 소유를 통해 얻을 수 있는 수입은 이자뿐이므로 지가는 당연히 그 이자에 상응하는 원금, 즉 등기부에 기재된 1억 원으로 거의 고정된다. 물론 이 경우에도 1년에 한 번 납세하는지, 같은 세액을 여러 차례 나누어 납부하는지에 따라 결과가 약간 다르겠지만 그 정도는 무시해도 좋을 것이다.

이상에서 알 수 있는 사실은, 토지소유자에게 특정 금액에 대한 이자만큼의 수입만 보장하면 지가는 그 특정 금액으로 거의 고정되며 따라서 매매차액도 거의 0이 된다는 것이다. 그러므로 매매차액은 건드리지 않고 지대이자차액만 징수하여도 토지불로소득을 없앨 수 있게 된다.

지대를 모두 징수하는 것이 최선이다

위에서, 지대이자차액만 징수하면 토지불로소득을 완전히 환수할 수 있다고 하였다. 그런데도 지은이는 이자를 공제하지 않고 지대를 모두 징수하는 제도가 더 이상적인 목표라고 본다. 지대이자차액과 지대는 조세의 형태로 징수하게 될 것이므로 앞으로는 각각 지대이자

지대를 모두 징수하면 토지원리가 완벽하게 구현된다. 원리와 현실이 부합하는 세상은 얼마나 보기 좋은가!

차액세, 지대세라고 부르기로 한다. 지대이자차액세는 제6장(지대조세제로 가는 전략)에서 '국토보유세'라고 바꿔 부른다.

지대이자차액세보다 지대세가 더 이상적이라고 보는 가장 큰 이유는 지대세를 징수하면 앞서 제시한 토지원리가 완벽하게 구현되기 때문이다. 즉 토지원리 가운데 "단독사용에서 생기는 특별한 이익을 정부에서 환수"한다는 조건을 충족하게 된다는 것이다. 원리와 현실이 부합하는 세상은 얼마나 보기 좋은가!

그러나 무인도에 적용할 바람직한 제도라고 해서 이미 역사를 가진 사회에 이를 새삼스럽게 도입해야 하는 지 의문이 생길 수도 있다. 이런 의문에 대한 답으로는 지대를 징수하면 토지 분야와 조세 분야에서 여러 가지 좋은 결과를 낳는다는 점을 제시할 수 있다. 그 중 토지 분야에서 나타날 효과에 대해서는 다음에 나오는 제4장(이것이 지대조세제)에서 자세히 다룰 것이기 때문에 우선 여기에서는 지대세가 조세로서 이상적이라는 점에 대해서만 언급하기로 한다.

지대이자차액만 징수하여도 정부가 필요로 하는 수입을 다 충당할 수 있다면 더 이상 과세할 필요가 없겠으나 그렇지 않다면 다른 세금을 추가로 징수하여야 한다. 국민이 세금을 내면 그 금액만큼만 국민의 짐이 된다고 생각하기 쉽지만 실은 대부분의 세금은 그 금액 이상으로 사회에 부담이 된다. 그렇다면 조세의 부작용을 잘 따져 보아 부작용이 가장 적은 방식으로 그 부족액을 충당해야 할 것이다. 아래에서 설명하겠지만 지대세는 사회에 짐이 안 될 뿐만 아니라 오히려 적극적으로 사회를 이롭게 하는 우수한 조세로 평가된다.

앞서 우리는 정의와 효율을 사회제도 평가 기준으로 삼았으므로 세제 역시 같은 기준을 적용하여 평가해 보자. 세제 평가는 흔히 공평한가, 경제에 어느 정도 지장을 주는가, 징수하기는 편한가로 평가하는데 경제에 미치는 영향과 징수의 편의성을 효율이라는 범주로 묶으면 이것도 역시 정의와 효율로 압축된다.

이런 기준에 비추어 볼 때 지대세는 가장 바람직한 조세로서 다른 조세, 예를 들면 부가가치세, 소득세, 법인세, 건물분 재산세 등에 비해 우수한 조세이다. 그 이유를 간략하게 살펴보자.

첫째로, 공평성을 기준으로 보면 불로소득을 먼저 징수하고, 그래도 세입이 부족하다면 부득이 노력소득에서 적절한 누진율을 적용하여 징수하는 가장 좋다. 지대소득은 원천적으로 불로소득이므로 지대세는 소득세보다 우수하다.

둘째로, 경제에 지장을 가장 적게 주는 조세부터 징수하는 것이 좋다. 이것은 다소간 전문적인 내용으로서 이 책처럼 일반인을 독자로 하는 경우에는 자세하게 설명하지 않는 것이 좋겠다. 다만 '대부분의 조세는 경제에 지장을 주지만 지대세와 같은 토지보유세는 그렇지 않다'는 결론만 알고, 다음 문단을 건너뛰어도 된다.

경제에 지장을 적게 주려면 조세가, 완전경쟁시장에서 결정될 공급량 및 수요량을 가능한 한 적게 변화시켜야 한다. 다른 식으로 표현하자면 수요와 공급의 가격탄력성이 낮을수록 좋은 조세이다. 나아가 시장이 효율적으로 작동하지 않는 현실에서는 시장의 부실함을 치유할 수 있다면 더욱 좋은 조세이다. 그런데 토지소유자에게 보유세를 부과한다고 해서 토지의 존재량이나 거래량이 줄어들 리가 없다. 또 제4장(이것이 지대조세제)에서 자세히 살펴보겠지만, 토지보유세를 부과하면 토지를 제대로 사용하지 않는 토지소유자들이 견디기 어렵게 되므로 현실 토지시장의 부족함을 보충해 준다. 그러므로 지대세는 부가가치세와 같이 상품 유통에 지장을 주는 조세, 소득세와 같이 근로의욕에 지장을 주는 조세, 양도소득세와 같이 토지거래에 지장을 주는 조세에 비해 경제적으로 매우 우수한 조세이다.

셋째로, 조세행정상으로 바람직한 조세는 세원 파악 및 과표 평가가 쉽고 말썽이 생길 소지가 적은 조세이다. 세원이란 과세의 대상이고, 과표란 과세표준의 약어로서 과세대상의 금액을 말한다. 예를 들어 지대이자차액세의 세원은 토지이고 과표는 지대이자차액이다. 지대세의 세원도 토지이고 과표는 지대액이다. 소득세의 세원은 소득이고 과표는 총소득에서 일정한 공제액을 뺀 나머지 금액이다. 토지는 누구의 눈에나 드러나는 세원이므로 누락될 염려가 없다. 또한 지대는 소득세나 부가가치세 등의 과표보다 평가하기가 쉽기 때문에 행정적인 관점에서 보더라도 지대세는 바람직한 조세이다. 지대의 평가에 관한 자세한 설명은 제5장(지대조세제에 대한 의문) 중 '의문 4'에 나온다.

이런 기준에서 본다면 지대세, 즉 토지의 임대가치를 과표로 하고 균일한 세율로 (가급적 100%에 가까운 세율로) 토지소유자에게 부과하는 조세가 가장 바람직하다. 지대세가 우수한 조세라는 점에 대해서는 조세 전문가의 의견이 일치하고 있다. 모든 교과서가 이를 뒷받침하고 있으며, 정부의 간섭과 세금을 싫어하는 경제학자인 밀턴 프리드먼

(Milton Friedman)마저 지대세를 "가장 덜 나쁜 세금"이라고 하였다.

지대이자차액만으로는 필요한 세수를 모두 확보하지 못하는 것이 현실이라면 그 부족액은 지대에서 우선 충당하는 것이 좋다는 결론이 나온다.

우리나라 토지공개념의 문제

1960년대 이래 극심한 토지투기에 시달려온 우리나라는 투기대책 엑스포라고 해도 좋을 만큼 여러 방법을 사용해 왔다. 그 대표적인 결실이 1980년대 말에 나온 토지공개념 정책이다. 그런데도 우리나라에서 부동산투기가 근절되었다고 보는 사람은 아직 아무도 없다. 1990년대 들어 땅값이 잠잠해지자 '이제는 부동산으로 돈버는 시대가 지나갔다'고 여러 사람이 진단했었는데 새 천년이 시작되면서부터는 이런 말이 쑥 들어가 버렸다.

진정한 토지공개념 정책은 단순한 토지투기방지대책이 아니라 토지는 하늘이 부여한 삶의 터전이라는 인식에 바탕을 둔 모든 정책을 의미한다. 그러나 우리나라에서는 주로 토지투기방지대책이라는 의미로 인식되어 왔으므로 여기에서도 그런 관점에서 설명하기로 한다.

우리나라에서 실시했거나 실시 중인 각종 투기방지대책은 크게 두 가지 유형으로 나눌 수 있다. 하나는 토지불로소득을 환수하는 방식이고, 다른 하나는 소유와 거래를 제한하는 방식이다.

이 중에서 근본대책은 물론 토지불로소득을 없애는 방식이다. 투기의 동기는 불로소득을 얻자는 것이므로 토지불로소득을 없애면 투기는 원천적으로 예방된다. 그래서 양도소득세와 종합토지세, 토지초과이득세와 같은 방식을 도입하였다. 그러나 이 가운데 어느 것도 토지불로소득을 완전히 징수하는 수준에 이르지 못했다.

정부 당국도 이것을 모르지는 않을 것이다. 그런데도 근본대책 수준에 미치지 못하는 것은 아마도 '과격하여 저항이 우려된다'거나 어쩌면 '자본주의 사회에서 그럴 수는 없다'고 오해하기 때문은 아닌지 모르겠다. 문제가 많은 현실에서 보면 '근본'대책은 언제나 과격해 보이는 법이며, 어떤 개혁에도 저항은 뒤따르기 마련이다. 그러므로 이런 이유로 토지문제 개혁을 미루어서는 안 된다. 새로운 제도의 도입과정에서 생길 수 있는 불필요한 충격을 최소화하려는 세심한 배려만 있으면 된다.

사실 토지불로소득을 완전히 환수하는 근본대책은 결코 자본주의 원리에 어긋나는 것이 아니다. 현재의 대책들보다는 오히려 자본주의에 더 충실한 것이다. 자세한 것은 제5장(지대조세제에 대한 의문) 중 "의문 1: 자본주의와 헌법에 위배되지 않나?" 그리고 제8장(가벼운 읽을거리) 중 "토지공개념 없이는 자본주의도 없다"를 참고하기 바란다.

이런 근본대책을 실시하지 않으면 그야말로 진짜 '과격한' 방식 즉 소유와 거래에 제한을 가하는 방식이 등장한다. 정부가 근본대책을 세우지 않기 때문에 투기를 잡을 수 없었고 그래서 정부 대책을 비웃듯이 간헐적으로 투기가 성행하게 되는데 정부당국은 눈앞에 닥친 문제를 해결하는 데 급급하여 단기적인 효과를 내는 미봉책을 내놓게 된다.

그러다 보면 택지소유상한제와 같은 소유제한방식 또는 토지거래허가제·분양권 전매 금지 등과 같은 거래제한 방식이 등장한다. 이런 방식은 시장경제에 배치되는 극약처방이다. 이런 극약처방은 비상시에 일시적으로 허용될 수 있을 뿐이다.

원칙을 무시하면 더 큰 부작용이 따르게 마련이다. 근본대책을 사용하지 않기 때문에 투기는 재발하고, 그때마다 극약처방을 들고 나오기 때문에 부동산 경기가 지나치게 위축된다. 그러다 보면 다시 투기대책을 후퇴시켜서 투기의 소지를 만들어 주는 악순환이 계속된다.

진정한 토지공개념, 너무나도 당연한 토지공개념의 기초가 되는 지대조세제로 가야 한다.

Ⅳ. 이것이 지대조세제

앞에서, 토지불로소득을 막기 위해서라면 지대이자차액세만을 징수해도 충분하지만, 여러 가지 이유로 지대세를 징수하는 것이 최선이라고 하였다. 이제 지대세를 가장 우선적인 정부 수입으로 삼는 조세제도, 즉 지대조세제를 개관해 보기로 한다.

지대조세제는 이상적인 조세제도이자 토지제도이다. 지대세가 바람직한 조세라는 점에 대해서는 앞에서 간략하게나마 살펴보았으므로 지금부터는 주로 토지제도 측면에서 살펴보기로 한다.

지대조세제의 특징

1) 토지가치 공유

지대조세제는 토지가치만 공유(公有)로 하는 제도이다. 즉 부동산 중 건물을 제외한 토지만을 대상으로 하며, 또 현재의 토지소유를 그대로 인정하고 토지의 사용권과 처분권을 현 소유자가 행사하는 가운데 단지 토지가치만 정부가 징수한다.

2) 토지가치 분납

지대조세제는 토지가치를 징수하는 방법 중에서 지가를 일시에 징수하는 것이 아니라 토지소유자에게서 매년 지대액만큼 분할하여 징수하는 방법이다. 이러한 조세를 지대세라고 하며 토지소유가 이전되면 지대세는 새로운 소유자가 납부하게 된다.

3) 잠재지대 징수

지대세액은 토지의 실제 사용도나 실제 지대소득과는 무관한 토지의 잠재적 사용가치이다. 즉 토지를 사용하지 않아 소득이 없더라도, 토지를 충분히 사용할 경우에 얻을 수 있는 임대가치 내지는 사용가치를 징수한다는 것이다.

4) 지대세 최우선 징수

지대조세제는 모든 조세 가운데 지대세를 최우선적으로 징수하는 세제이다. 따라서 완전한 지대조세제하에서는 지대세율이 거의 100%가 되고 다른 조세는 대폭 감면된다. 만일 지대세만으로 정부세입이 충분히 조달된다면 다른 조세는 일체 면제되고 지대세만의 단일세제가 될 수도 있다.

지대를 100%가 아니라 '거의' 100% 징수한다고 하는 이유는, 제2장(무인도의 토지제도 설계)의 "지대는 불로소득" 부분에서도 언급하였듯이, 우등토지부터 사용되도록 하는 약간의 유인을 남겨둘 수 있기 때문이다.

이해를 돕기 위해 현행 조세체계와 지대조세제를 그림으로 비교해 보면 아래와 같다. 현행 세제에서는 생산의 3요소인 토지, 노동, 자본의 대가인 지대, 임금, 이자에서 조금씩 조세를 징수하지만 지대조세제에서는 임금, 이자에 앞서 지대부터 우선적으로 징수한다는 것이다.

현행 조세체계와 지대조세제의 비교

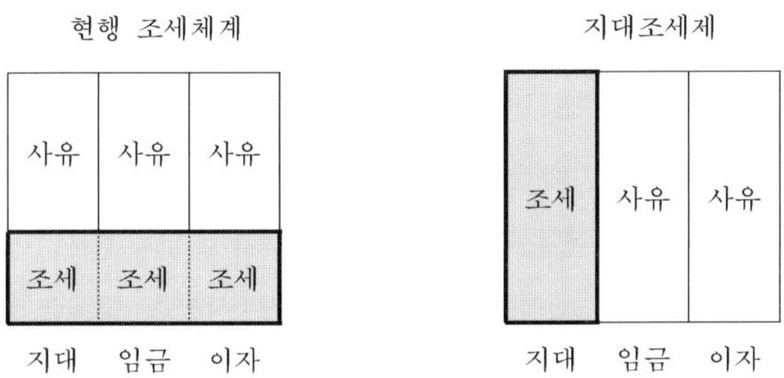

지대조세제에 의한 변화와 효과

지대조세제를 실시하면 조세와 토지 두 분야에서 커다란 변화가 일어난다. 먼저 지대조세제로 인해 토지와 관련하여 나타나게 되는 중요한 변화와 그 효과를 보자.

1) 토지의 매매가격, 즉 지가는 거의 0이 된다

지대의 100%를 징수하면 지가 즉 토지의 매매가격은 0이 된다. 어느 시점의 지가는, 토지소유에 부수하는 다른 비용이 없다고 하면, 토지소유자가 그 시점 이후 얻게 될 모든 지대를 그 시점의 가치로 표현한 금액이다. 그런데 지대를 모두 징수한다면 토지소유자에게 돌아갈 지대가 없으므로 지가는 0이 된다. 다만, 지대를 100%가 아닌 '거의' 100%를 징수한다면 지가가 완전히 0이 되지 않고 '거의' 0이 되겠지만 현재에 비해서는 0이나 다름없는 금액이 된다고 해도 좋을 것이다.

지가가 엄청나게 높은 현실에 오래 젖어온 독자는 지가가 0이 된다는 말이 선뜻 수긍되지 않을지 모르겠다. 앞서 제3장(우리의 토지 현실) 중 "지대이자차액만 징수해도 된다" 부분에서 풀었던 퀴즈를 다시 생각해 보자. 이자율이 연 10%인 사회에서 어느 증서의 소지자에게 연간 1천만 원의 수입이 생긴다고 하면 이 증서는 얼마에 거래될까? 그 답은 약 1억 원이었다.

같은 이치로, '어느 증서의 소지자에게 연간 0원의 수입이 생긴다고 하면 이 증서는 얼마에 거래될까?'라는 퀴즈를 풀어 보자. 그 답은 당연히 0원이다. 이처럼, 지대세를 징수하면 단순히 토지를 소유해서는 아무런 이익이 없기 때문에, 즉 토지는 수입이 0인 증서와 다름없기 때문에, 토지의 매매가격은 0이 된다.

또 이렇게도 생각해 보자. 현재 부동산을 임차할 경우에 목돈을 보증금으로 먼저 내고 입주한 후 매월 월세를 내는 방식이 많은데 보증금이 높으면 월세는 낮아지고, 월세가 높으면 보증금은 낮아진다. 그런데 지대조세제는 월세를 매우 높게 받는 방식에 해당되므로 보증금은 없거나 매우 낮아지게 된다.

지가가 단기간에 0으로 곤두박질치면 경제에 큰 충격을 주게 된다. 그러므로 지대조세제는 시간을 두고 서서히 도입할 수밖에 없다. 자세

지대세를 징수하면 토지불로소득도 토지매매가격도 모두 0이 된다. 그렇다고 해서 토지가 공짜라는 뜻은 아니다. 토지소유자는 지대세를 납부해야 하니까.

한 것은 제6장(지대조세제로 가는 전략)을 참고하기 바란다.

2) 토지불로소득이 사라진다

지대조세제를 실시하면 지가만이 아니라 토지불로소득도 0이 된다. 그 이유는 다음과 같다.

토지불로소득은 두 가지로 구성된다. 하나는 토지매매에서 생기는 매매차액, 즉 (매각지가 - 매입지가)이고 다른 하나는 토지소유기간의 지대이자차액, 즉 토지소유기간의 (지대 - 매입지가에 대한 이자)이다. 지대조세제를 실시하면 지가는 언제나 0이므로 매입지가와 매각지가도 0이고 따라서 지가차액도 0이다. 또 지가가 0이므로 매입지가에 대한 이자도 당연히 0이다. 따라서 토지불로소득의 구성요소로는 지대만 남는데 지대세를 내고 나면 그것도 사라지고 만다.

물론 이 경우에도 지대의 '거의' 100%를 징수하면 토지불로소득도 '완전히'가 아니라 '거의' 사라지게 되지만 이 역시 현재에 비해서는 0이나 다름없는 금액이 된다고 해도 좋을 것이다.

만일 토지소유자가 토지의 객관적인 사용가치에 어울리는 사용을 하지 않아서 지대 소득이 지대세액에 미치지 못하면 토지불로소득은 오히려 마이너스가 된다.

3) 변화의 효과

이처럼 지대조세제로 인해 지가와 토지불로소득이 거의 0이 되고 또 다른 조세가 감면되면 여러 가지 좋은 효과가 발생한다.

무엇보다도 근본적인 효과는 적어도 토지와 조세에 관한 한 원론과 원칙이 지배하는 사회가 된다는 점이다. 예를 들어, 자본주의를 마음대로 벌어 마음대로 쓰는 제도라고 잘못 이해하는 계층에서는 토지를 통한 불로소득의 획득을 정당한 것으로 – 또는 최소한 자본주의 사회에서는 불가피한 것으로 – 보고 토지투기에 탐닉하며 또 그렇게 해서 부유하게 된 계층은 과소비나 저질소비로 사회의 도덕성을 떨어뜨린다. 또 이와 같은 유한계층이 퍼져 있으면 그러한 처지가 되지 못하는 계층마저 이에 동화되어 사회의 도덕성 저하를 가속화한다. 지대세는 이와 같은 인식과 행태를 근본적으로 바꾸어, 노력하고 기여한 정도에 따라 소득이 생긴다는 건전한 도덕적 원리를 회복시켜 준다.

지대조세제는 이러한 근본적, 전반적 효과 이외에 제3장의 "토지불로소득의 폐해"에서 설명한 각종 문제점도 당연히 해결해 준다. 중복을 피해 다시 언급하지 않겠다.

아래에서는 그 밖에 우리 사회에서 주목의 대상이 되는 대표적인 몇 가지만을 뽑아보기로 한다. 먼저 토지와 관련하여 분배, 생산, 토지개발 측면의 효과를 살펴보고 아울러 다른 조세를 감면하고 지대세로 대체하는 데서 생기는 효과를 언급한다.

분배에 관한 효과

1) 토지분배가 평등하게 된다

지대조세제를 실시하면 토지불로소득이 생기지 않는다. 뿐만 아니라 토지를 소유하면서 제대로 사용하지 않으면 손해를 보기 때문에 실제로 필요한 사람이 아니면 토지를 소유하지 않게 된다. 실수요자와 소유자가 일치하게 되면 투기목적을 겸한 토지의 과다보유는 분명히 시정될 것이므로 토지의 분배 상태가 상당히 평등하게 된다.

토지의 소유자와 사용자가 일치한다고 해서 토지소유가 균등하게 되는 것은 물론 아니다. 토지사용 목적에 따라 필요한 토지의 양과 질이 다르기 때문이다. 그러나 실수요자가 사회에 대가를 지불하고 소유하는 것은 불평등이 아니다.

2) 빈부격차가 시정된다

지대세를 부과하면 토지가치가 상승 또는 하락해도 그 이익이 토지 소유자에게 가지 않고 조세로 모두 징수되므로 소득과 부의 분배가 토지불로소득에 의해 악화되는 것을 막을 수 있다. 소득과 부의 분배 불평등을 심화시키는 원인 중 토지가 차지하는 비중이 매우 크다는 점을 생각하면, 지대조세제는 분배의 평등화에 큰 도움이 될 것으로 보인다.

생산에 관한 효과

1) 생산의욕이 촉진된다

불로소득의 기회가 많은 사회에서는 자금이 생산부문보다는 불로소득을 얻을 수 있는 쪽으로 흘러들기 마련이다. 또 불로소득의 액수가 클 경우에는 열심히 일할 의욕도, 절약·저축하여 자본을 축적할 의욕도 사라지고 만다. 그리하여 생산부문에서는 자금을 구하기도 어렵고, 노동의 양과 질이 떨어지고, 자본축적도 잘 이루어지지 않기 때문에 생산이 저조해진다는 것이다.

지대세를 부과하면 토지소유로 인한 불로소득기회는 완전히 봉쇄되므로 생산의욕이 높아진다. 또 지대세 수입이 증대하면 생산, 유통, 소비, 소득, 부 등 생산활동 또는 그 결과에 대한 조세가 감면될 것이고 이것이 다시 생산의욕을 자극하게 된다.

2) 토지 사용도가 적정하게 된다

지대세가 부과되는 상황에서 지대소득이 지대세액에 미달하면, 즉 토지를 제대로 활용하지 않으면 손해를 본다. 그러므로 토지소유자는 토지를 최선의 용도에 맞게 직접 사용하거나 타인에게 임대하여 지대세를 납부하고도 손해를 보지 않을 만큼 소득을 충분히 올려야 하며, 그렇지 못하면 토지 소유를 포기하게 된다. 즉 토지를 직간접으로 최선의 용도로 사용하거나 토지를 처분한다는 것이다. 이때 처분되는 토지를 매입하는 사람도 매각자와 같은 입장에 처하므로 결국 토지사용은 적정하게 올라간다. 또 이런 과정을 통해 토지소유자와 실수요자가 일치하는 경향이 나타나게 되므로 토지사용이 더욱 알뜰해지게 된다.

또 토지불로소득을 노리고 토지를 개발하는 사례도 사라질 것이므로 토지의 투기적 과다 사용도 없어진다.

3) 창업이 쉬워진다

새로 기업을 창업하기 위해서는 토지를 매입해야 하는 경우가 많으므로 높은 지가는 창업을 막는 큰 경제적 장애라고 할 수 있다. 시장이 자원의 효율적 배분 기능을 수행하려면 시장진입이 자유로워야 하는데, 이처럼 지가가 장애로 존재한다면 시장기능에 상당한 제약이 생기고 따라서 생산의 능률성이 떨어지게 된다.

지대세를 부과하면 지가가 0이므로 지가라는 장애가 사라져 새로운 기업의 시장진입이 쉬워진다. 이처럼 창업이 쉬워지면 생산이 촉진되기도 하지만 임금노동자의 지위가 향상되기도 한다. 임금노동자가 쉽게 창업의 기회를 잡을 수 있다면 일자리를 얻기 위해 불리한 조건을 억지로 받아들일 필요가 없기 때문이다.

토지개발에 관한 효과

지대세는 토지개발에 매우 긍정적인 효과를 낳는데 우선 공공개발의 능률성과 민주성에 주는 효과를 검토해 보고 아울러 주택문제에 대한 효과에 대해서도 검토해 보자.

1) 공공사업이 쉬워진다

지대세를 부과하면 공공사업이 능률적으로 수행될 수 있다. 공공사업의 집행에 큰 장애로 대두되고 있는 두 가지는 토지보상액이 엄청나다는 점과 집단민원이 흔히 발생한다는 점이다.

지대세를 부과하면 우선 지가가 0이 되기 때문에 토지보상비가 한 푼도 들지 않는다. 토지보상비가 들지 않는다고 해서 어떠한 비용도 들지 않는다는 것은 아니다. 토지 이외에 건물에 대한 보상도 필요하고 주민의 이주대책 및 생활대책도 수립해야 하는 등 직접비용이 발생하며, 또 토지를 정부가 취득하면 이후 지대세 수입이 그만큼 줄기 때문에 생기는 간접비용도 있다. 그러나 공공사업에 투입되는 초기비용은 대폭 줄어든다.

또 공공사업에서는 개발이익의 분배와 개발손실의 부담을 둘러싸고 정부, 사업지구 및 그 주변의 토지권리자 간에 이해관계가 대립되는 경우가 많다. 이렇게 될 경우 그 조정이 어려우며 때로는 강한 집단민원으로까지 발전되어 공공사업을 지연시키는 경우도 있다. 그런데 지대조세제하에서는 개발에 의해 토지가치가 상승하면 지대세액이 인상되어 환수되고, 하락하면 지대세액이 낮아져 보상되므로 이러한 장애요인은 상당히 완화된다. 물론 토지보상 문제가 공공사업 과정에서 야기되는 갈등의 유일한 원인은 아니지만 그 핵심적인 원인이 된다는 점은 분명하다.

2) 개발사업이 민주화된다

개발계획을 사전에 발표하면 지가가 급등하고 토지투기가 발생하며 개발이익과 개발손실을 둘러싼 이해관계 대립이 집단민원으로 번질 수도 있다. 때문에 중요한 개발계획은 비밀리에 준비하여 기습적으로 시행하는 경우가 많다. 그러나 이렇게 되면 많은 사람의 생활에 큰 영향을 미치는 개발계획이 주민 의사를 제대로 수렴하지 못하는 졸속계획이 되어 버린다. 뿐만 아니라 개발계획의 비밀이 계획당국과 줄이 닿는 소수에게 유출되어 또 다른 민원을 야기할 수도 있다.

지대세를 부과하면 토지투기의 우려가 없고 지가도 0으로 고정되며, 토지가치에 관한 한 개발이익의 환수와 개발손실의 보상이 저절로 이루어지게 된다. 그러므로 개발계획을 사전에 충분히 공개하여 주민 여론을 충분히 수렴한 후 집행할 수 있게 된다.

3) 주택 문제가 완화된다

우리나라 주택난의 주요 원인으로는 주택가격이 비싸다는 점과 주택을 지을 택지가 부족하다는 점을 꼽을 수 있다. 주택가격은 택지, 건축자재, 노임 등의 가격에 의해 결정되는데, 도시에서는 택지가격이 주택가격의 50%를 상회하는 것이 보통이다. 지대세를 부과하면 택지가격이 0이 되므로 주택가격이 대폭 낮아지고 따라서 주택건설과 구입이 쉬워진다. 또한 투기목적으로 토지를 방치하는 일이 없어지므로 택지의 공급이 많아지며, 재산 증식을 위해 필요한 규모 이상의 주택을 보유하는 일도 없어지므로 같은 면적의 택지에도 더 많은 주택을 지을 수 있다.

조세 대체의 효과

지금까지는 주로 지대조세제 도입이 토지에 미치는 영향과 효과를 살펴보았다. 그러나 지대조세제를 도입하여 사회에 짐이 되는 다른 조세를 지대세로 대체하면 조세분야에서도 큰 변화가 일어난다. 여기에서는 그 하나의 사례로, G7에 속하는 7개국에서 지대조세제를 실시할 경우에 생길 경제적 효과를 추정한 연구를 소개하는 정도로 그치고 자세한 설명을 생략하기로 한다.[2]

[표 5] 조세 대체에 따른 경제 변화

(시점: 1993년, 단위: 10억 달러)

국가	국내순생산(NDP)		초과부담 감소 예상
	현재	증가 예상	
미국	5,495	1,602 (29%)	784 (14%)
캐나다	490	275 (56%)	141 (29%)
프랑스	952	879 (92%)	457 (48%)
독일	1,178	1,018 (86%)	531 (45%)
이태리	892	815 (91%)	451 (51%)
일본	2,134	1,535 (72%)	699 (33%)
영국	883	716 (81%)	352 (40%)

* 괄호 속 %는 현재의 국내순생산 대비 증가율 또는 감소율

위의 표에 의하면, 지대세를 최우선적인 세원으로 하는 동시에 다른 조세를 같은 금액만큼 감면하는 세제개편을 실시할 경우 국내순생산이 비약적으로 증가할 것으로 예상된다. 예를 들면 유럽 국가는 거의 두 배로, 일본은 72% 증가할 것으로 예상된다.

---

2) Nicolaus Tideman and Florenz Plassman (1998), "Taxed Out of Work & Wealth: the Cost of Taxing Labor & Capital," in Fred Harrison, ed., *The Loss of Nations: Deadweight Politics versus Public Rent Dividends*, London: Othila Press, pp. 146-174. 인용된 표는 pp. 147-148에서 발췌.

또한 세제개편으로 인해 초과부담도 상당히 감소할 것으로 예상된다. 예를 들어 유럽 국가는 40% 내지 50% 감소하고 일본은 33% 감소할 것으로 예상된다. 초과부담이란 납세자가 내는 세액 이상으로 경제에 부담을 줄 경우 그 초과부분을 말한다. 국민이 100억 원의 조세를 납부할 경우 그 100억 원이 단순히 민간에서 정부로 이전될 뿐 경제에 변화가 없다면 초과부담도 없다. 그러나 조세로 인해 경제규모가 30억 원만큼 축소된다면 그 30억 원은 초과부담이 된다. 좀 딱딱하게 표현하자면, 조세는 재화와 용역의 상대가격을 변화시키고 그로 인해 민간 경제주체의 사적 선택에 영향을 주게 되는데 이로 인해 조세가 없을 경우에 비해 자원배분의 효율이 줄어드는 부분을 초과부담이라고 한다. 대부분의 조세는 이런 초과부담을 야기한다. 그러므로 조세의 초과부담이 줄어든다는 것은 그만큼 자원배분이 효율적으로 이루어진다는 뜻이다.

위 연구에 의하면 노동과 자본에서 조세를 감면하는 대신 토지 등 자연의 기회를 독점적으로 사용하는 데 대한 대가를 징수하여 이를 대체할 경우 다음과 같은 네 가지 경로를 통해 경제적 효율성이 향상된다. 첫째로 노력과 기여의 대가를 완전하게 차지할 수 있으므로 생산이 증가한다. 둘째로 자본과 자본소득에 대한 조세를 감면함으로써 저축이 촉진된다. 셋째로 토지 및 기타 자연의 기회에 대한 사용대가를 징수함으로써 적정 사용이 촉진된다. 넷째로 토지 기타 자연의 기회에 대한 투기를 근절하여 효율성이 높아지고 투기로 인한 자원의 저사용이 예방된다.

제3의 길: 통일한국의 체제

지대조세제는 통일한국에 적용할 이상적인 체제이다.

자본주의는 토지와 자본의 사유를 주장하고 사회주의는 공유를 주장하는 데 반해 지대조세제는 자연이 준 토지는 공유, 사람이 생산한 자본은 생산자의 사유를 주장한다. 지대조세제는 토지의 국유화가 아니라 토지가치의 공유를 의미하지만, 그 바탕에는 사람이 생산하지 않은 토지는 다른 물자와는 달리 원칙적으로 사유의 대상이 될 수 없다는 인식이 깔려 있다. 이처럼 '토지 공유, 자본 사유'에 바탕을 두는 지대조세제는 서로 대립되는 양대 이데올로기와는 다른 제3의 길, 제3의 이데올로기, 제3의 체제이다.

세 체제를 비교하면 다음 표와 같다.

[표 6] 세 체제의 비교

체제	토지	자본
자본주의	사유	사유
사회주의	공유	공유
지대조세제	(지대)공유	사유

이러한 지대조세제는 우리나라 통일 후의 이상적인 체제로 주목된다.

지대조세제는 양대 이데올로기의 단순한 절충이 아니라 장점만을 아우르는 우수한 체제이다. 남한의 자본주의는 빈부격차와 토지투기를 야기하였고 북한의 사회주의는 비능률과 관료주의라는 심각한 병폐를 안고 있다. 반면 지대조세제는 정의와 효율을 동시에 달성할 수 있다.

또한 수십 년간 서로 다른 두 체제를 고수하던 양쪽이 서로 자존심을 건드리지 않으면서 변화에 쉽게 적응할 수 있는 제3의 길이라는 점에서 지대조세제는 통일 한국의 현실적인 대안이기도 하다. 남북한이 어느 한쪽 체제로 흡수 통합을 시도한다면 – 그 체제의 장단점 여부를 떠나 – 우선 감정적으로 수용하기 어려워 통일에 지장을 줄 수 있다. 그러나 양자가 모두 현 체제보다 우수한 제3의 체제에 양자가 합의한다면 그런 문제를 극복할 수 있다.

토지사유제를 취해 온 남한에서는 토지의 사유를 그대로 유지하면서 지대세를 징수하면 되고, 토지국유제를 취해온 북한에서는 바로 지대조세제로 가기보다는 토지의 국유를 그대로 유지하면서 개인의 토지사용을 확실하게 보장하는 동시에 임대료도 확실하게 징수하는 제도, 즉 토지공공임대제를 우선 실시하는 것이 적절할 것이다.

토지공공임대제는 토지의 사용권은 개인에게 주지만 처분권을 국가가 가진다는 점에서 지대조세제와 차이가 있다. 이 제도는 우리나라의 전화가입제에 비유할 수 있다. 전화의 사용은 보장하지만 사용을 그만둘 때에는 전화사용권을 전화회사에 반납하는 것처럼 토지도 일정 기간 자율적인 사용을 보장하되 그 기간이 끝나면 정부가 처분권을 행사하는 제도이다. 구소련이 시장경제로 이행할 때 서방세계의 저명한 경제학자들이 이 제도를 도입하도록 권고한 일도 있다.

이와 관련된 글로 제8장(가벼운 읽을거리)의 "통일 후의 토지제도"와 부록의 "고르바초프 대통령에게 보내는 공개서한"을 참고하기 바란다.

'토지 공유, 자본 사유'는 자본주의와 사회주의의 장점을 아우르는 제3의 이데올로기이고 따라서 통일한국에 도입할 체제로서도 주목된다.

V. 지대조세제에 대한 의문

의문의 동기: 호기심, 염려, 거부

지대조세제에 대해서는 여러 가지 의문이 제기된다. 의문 중에는 생소한 제도에 대한 호기심 내지 염려의 차원에서 제기되는 의문도 있고, 지대조세제에 대한 거부감에서 비롯되는 의문도 있다.

개인의 토지사용권·수익권·처분권을 모두 인정하는 토지사유제나, 세 권능 전부를 정부가 장악하는 토지공유제와는 달리 개인의 토지소유권은 인정하지만 지대는 모두 환수하는 제도가 바로 지대조세제이다. 토지소유권 권능 중 토지수익권만을 (사실상) 무력화하는 제도라는 점에서 지대조세제는 토지사유제와 토지공유제의 중간적인 제도이다. 현재 세계 각국의 토지소유제도는 토지사유제 아니면 토지공유제를 기반으로 하고 있기 때문에 지대조세제는 생소한 제도이고 그로 인해 여러 가지 의문이 제기된다.

두 번째로는, 새로운 제도를 현실에 도입할 때는 그 원리에 대한 확신이 필요한 것은 물론이고 그 밖에도 기술적인 문제 및 제도 이행의 문제를 해결해야 하는데 이런 문제에 대한 염려 차원에서 제기되는 의문도 있다.

마지막으로, 지대조세제는 토지를 많이 소유하면서 기득권을 누려온 계층이 부당한 이익을 계속 누리지 못하게 하는 제도이기 때문에 기득권 수호를 위해 지대조세제에 흠집을 내려는 의도로 제기되는 의문도 있다.

지대조세제가 설득력을 가지려면 어느 쪽의 의문이든지 다 수용하고 합리적인 답을 내놓아야 한다. 아래에서는 지대조세제의 특징과 그로 인한 영향을 살펴보고, 지대조세제에 대해 흔히 제기되는 다음과 같은 대표적인 의문을 소개한 후 그에 대한 지은이의 견해를 제시해 보겠다.

의문 1: 자본주의와 헌법에 위배되지 않나?

의문 2: 토지소유자에게 지가를 보상할 것인가?

의문 3: 지대총액은 얼마나 되는가?

의문 4: 지대평가가 어렵지 않나?

의문 5: 지가가 0이면 토지 배분은 어떻게 하나?

의문 6: 왜 토지에서 생기는 불로소득만 문제 삼나?

의문 7: 누가 토지를 소유하고 개발하려 하겠는가?

의문 8: 지대세가 전가되지 않나?

의문 9: 제도 전환 어려움이 크지 않을까?

의문 10: 현실에서나 학계에서 어느 정도 수용되고 있나?

이제 각 의문에 대해 차례로 검토해 보자.

의문 1: 자본주의와 헌법에 위배되지 않나?

지대조세제는 토지에서 발생하는 지대를 소유자에게서 모두 징수하며 또 지가를 거의 0으로 만들기 때문에 사유재산을 침해하며 따라서 자본주의와 우리 헌법에 위배된다고 생각하는 경우가 있다.

자본주의의 핵심 개념은 사유재산제와 시장경제이다. 자본주의를 지지하는 이유는, 개인이 노력에 의해 생산한 것의 사유를 보장하고(사유재산제), 그 생산물이 사회의 수요를 충족시키는 정도에 따라 대가를 보장하면(시장경제), 개인과 사회 모두에게 좋은 결과를 낳기 때문이다. 그러므로 정부가 필요하고 그 때문에 조세의 징수가 불가피하다면 가급적 노력과 기여의 대가를 보호하는 방식으로 과세해야 자본주의의 장점을 살릴 수 있다.

현 자본주의 사회에서 전체 세수입의 상당 부분을 차지하고 있는 것이 바로 소득세이다. 그러나 현행 과세제도는 과세대상인 소득이 개개인의 노력과 기여에 의해 발생한 것인지, 아닌지를 굳이 따지려 하지 않는다. 정상적인 소득이든 불로소득이든 모두 동일한 과세 대상으로 본다는 말이다. 하지만 사유재산제 본령에 충실하려면 불로소득부터 우선 과세하고, 그것으로 부족할 경우에만 개인의 노력과 기여로 발생한 소득에 과세하는 것이 맞다. 그러므로 현행 세제는 사유제산제에 충실한 제도라고 할 수 없다.

한편 토지는 사람이 생산한 것이 아니다. 또 토지가치는 토지소유자의 노력과 기여와는 무관한 요인, 즉 토지의 자연적 형질과 환경, 사회경제적 변화, 정부의 조치 등에 의해 결정된다. 따라서 토지가치는 본질적으로 불로소득이다.

이렇게 본다면 지대조세제야말로 진정 사유재산제에 충실한 세제이며, 현행 세제는 오히려 사유재산제에 부합하지 않는 세제라 하겠다. 그러므로, 지대조세제로 인해 조세 총액이 지금보다 많아지는 것이 아니라면 지대조세제가 사유재산제에 어긋난다는 주장은 근거가 없다.

이뿐만이 아니다. 시장경제와의 조화라는 측면에서도 지대조세제는 현행 세제보다 훨씬 낫다. 사유재산제와 함께 자본주의를 떠받치고 있는 또 다른 원리는 생산·분배·소비 등의 경제행위를 시장에 우선적으로 맡기자는 시장경제원리이다. 이 원리에 충실하자면 시장의 작용을 방해하는 불필요한 간섭이나 장애를 제거해야 한다. 그러므로 조세를 징수하더라도 가급적 시장의 작용을 방해하지 않는 조세부터 징수해야 시장경제원리에 충실하게 되는 것이다.

현행 세제에서 큰 비중을 차지하고 있는 조세는 소득세와 유통세이다. 유통세란 부가가치세 또는 판매세 등 물자의 유통단계에 부과하는 조세를 말한다. 이런 조세는 당연히 경제행위에 짐이 된다. 그러나 지대조세제는 모든 조세에 우선하여 지대세를 징수하는 제도이며 지대세는 물자의 생산·분배·소비 등 경제행위와는 무관한 조세이므로 시장의 작용을 방해하지 않는다. 따라서 지대세는 오히려 시장경제를 돕는 조세이다.

이렇듯 지대조세제가 자본주의와 어긋난다고 하는 비판은 근거가 없다. 이와 관련해서 제8장(가벼운 읽을거리)의 "토지공개념 없이는 자본주의도 없다"도 참고하면 좋겠다.

그러나 위헌 문제는 자본주의 원리와는 별도의 검토가 필요하다. 법현실에서는 원리보다 실정법이 더 중요한 기준이 되기 때문이다. 우선 지대조세제의 위헌 여부 판단에 도움이 될 만한 조항들을 우리나라 현행 헌법에서 찾아 보기로 하자.

> 헌법
>
> 제23조 [재산권 행사의 한계]
>
> ② 재산권의 행사는 공공복리에 적합하도록 하여야 한다.
>
> 제119조 [경제질서의 규제와 조정]
>
> ② 국가는 균형 있는 국민경제의 성장 및 안정과 적정한 소득의 분배를 유지하고, 시장의 지배와 경제력의 남용을 방지하며, 경제주체간의 조화를 통한 경제의 민주화를 위하여, 경제에 관한 규제와 조정을 할 수 있다.
>
> 제122조 [국토의 이용제한과 의무] 국가는 국민 모두의 생산 및 생활의 기반이 되는 국토의 효율적이고 균형 있는 이용, 개발과 보전을 위하여 법률이 정하는 바에 의하여 그에 관한 필요한 제한과 의무를 과할 수 있다.

위와 같은 우리 헌법의 조항은 지대조세제의 합헌성을 뒷받침하는데 손색이 없는 것으로 보인다. 그러나 우리 헌법이 지대조세제와 같은 제도를 염두에 두고 제정된 것은 아니므로 위의 조항들이 합헌성을 뒷받침하는 적극적·명시적 근거가 된다고는 할 수 없다. 그렇다면 결국은 헌법이 자본주의를 옹호하는 이유가 헌법해석의 유력한 근거가 될 것이고, 위에서 검토한 바와 같이 지대조세제는 현행 세제보다 오히려 진정한 자본주의에 더 충실한 제도라는 점이 유리하게 고려될 것으로 기대된다.

적당한 계기가 있다면 헌법에 분명한 근거 조항을 신설하여 이러한 위헌 시비를 아예 차단하는 것도 한 방법이다. 예를 들면 조세의 종목과 세율을 언급하는 헌법 제59조에 다음과 같은 제2항을 신설하면 된다.

> ② 조세는 특별한 정책 목적을 달성하기 위한 경우 외에는 토지보유세 등 형평성과 효율성이 높은 종목을 우선해야 한다.

의문 2: 토지소유자에게 지가를 보상할 것인가?

위에서 보았듯이 지대조세제 자체는 자본주의에 어긋나지도 않고 위헌도 아니다. 그러나 현재처럼 토지가 개인 재산의 중요 부분을 차지하고 있는 현실에서 지대조세제와 같이 지가를 거의 0으로 만드는 제도를 도입할 때 기존의 토지소유자에게 지가를 보상하지 않는다면 이를 둘러싼 위헌 시비가 생길 수 있다.

보상이 필요 없다는 쪽에서 들 수 있는 근거는 다음과 같다.

첫째로 토지사유제가 윤리적으로 부당한 제도라는 점이다. 토지를 포함한 자연 일체는 특정인이 생산한 것이 아니라 주어진 것이며, 따라서 모든 인간은 자연에 대한 공평한 기회를 가진다. 그러므로 특정인에게 토지에 대한 우선권을 부여한다면 그로 인해 특정인이 받는 특별이익은 당연히 사회에서 환수하여야 한다. 이러한 입장에서 본다면 현재와 같은 토지사유제는 부당한 제도이며 부당한 제도를 바로 잡는 과정에서 보상을 한다는 것은 옳지 않다는 결론이 나온다.

둘째로 일반적인 정책과 보상의 관계를 근거로 든다. 정부의 조치는 언제나 계층 간의 이해관계에 영향을 주기 마련인데, 정책 변화에 따른 손실은 개별적으로 보상하지 않는 것이 원칙이다. 만일 지대조세제의 실시로 인해 지가가 하락한다고 해서 이를 보상해야 한다면 다른 정책에서도 이러한 원칙을 적용해야 한다. 그렇게 되면 모든 조세는 징수해 봤자 보상금으로 다시 지출될 것이고, 모든 정책은 시행하기 전과 동일한 분배 상태를 초래하게 되어 정책 자체가 무의미해진다. 예를 들어 소득세제의 누진구조를 대폭 강화하는 세제개편을 했다고 할 때 고소득자의 소득세가 종전보다 엄청나게 높아졌다고 해서 이들에게 보상을 한다면 세제개편의 의미를 상실하게 된다.

셋째로 현행 제도에서 근거를 찾는다. 현재 우리나라 제도에서 정부의 정당한 행위로 인해 국민이 입은 손실을 보상하는 경우는 사유재산의 수용 또는 징발처럼 토지소유권을 박탈하는 경우로 국한되어 있다. 개발제한구역의 지정 등과 같이 토지가치가 사실상 상실되는 때에도 토지를 종전의 용도로 사용할 수 있는 한 손실보상은 인정되지 않는다. 따라서 지대조세제로 인한 지가하락도 보상할 필요가 없다는 것이다.

반면에 보상이 필요하다는 쪽에서는 제도 변화와 관련하여 사회와 개인 사이의 책임론을 근거로 들 수 있다. 토지사유제가 원론적으로 부당한 제도이건 아니건 사회에서 그 동안 적법한 제도로 인정되어 왔는데, 이제 와서 이를 잘못된 것이라고 하여 바로 잡는다는 이유로, 구제도를 믿고 행동한 사람에게 제도 변화의 모든 부담을 지우는 것은 옳지 않다는 것이다.

토지사유제 사회에서 토지를 취득하는 목적은 투자와 실수요 두 가지로 나눌 수 있다. 보상긍정설 중에는 투자 목적의 토지소유자를 포함한 모든 토지소유자에게 보상을 해야 한다는 입장도 있을 수 있다. 또 투자 목적의 토지소유자는 위험부담을 각오한 자이므로 보상할 당위성이 적다고 하더라도 적어도 실수요 목적의 토지소유자에 대해서는 보상이 필요하다는 입장도 있을 수 있다. 전자를 투자자 보상설, 후자를 실수요자 보상설이라고 부르기로 한다.

투자자 보상설의 근거는 이렇다. 사유재산제와 토지사유제가 적법하게 인정되어 온 사회에서는 국민이 자기의 재산을 토지의 형태로 보유하든 현금, 예금, 증권, 골동품, 기타 어떠한 형태로 보유하든 보호를 받아야 한다. 예를 들어 지대조세제 실시 직전에 토지와 증권을 맞바꾼 두 사람이 있다고 할 때 다같이 제도를 믿고 행동한 두 사람 중에서 토지를 취득한 사람의 재산만이 갑자기 줄어든다면 형평성에 어긋난다.

실수요자 보상설의 근거는 이렇다. 토지를 재산 보호 내지 증식의 수단으로 삼는 것은 부당하다는 견해를 가진 사람이라고 하더라도 토지사유제 사회에서 토지를 안정적으로 사용하려면 지가를 지불하고 토지를 매입할 수밖에 없다. 지가를 지불한다는 것은 미래의 지대를 선납하는 것이므로 지대조세제 실시로 인해 다시 지대세를 물게 된다면 지대를 이중으로 지불하는 결과가 되어 부당하다.

지은이는 원론적으로 보상부정설이 옳다고 생각한다. 그러나 제도를 연착륙시키고 변화에 따른 국민의 고통을 덜기 위해서라면 유연하게 대처할 수도 있다는 입장이다. 지은이의 생각을 정리하면 다음과 같다.

첫째로 투자 목적의 토지소유자는 사회 변화 및 정책 변화에 따른 위험부담을 각오한 사람이므로 보상이 필요 없다고 본다.

둘째로 실수요 목적의 토지소유자인 경우에는 지대조세제를 실시해도 토지소유권을 계속 보유하기 때문에 토지를 사용하는 데에는 아무런 지장이 없다. 그러나 토지를 매입할 때 미래의 지대를 반영하는 지가를 목돈으로 지불하였기 때문에 지대세를 새로 납부한다면 지대를 이중으로 지불하는 결과가 된다. 물론 매입 당시의 지가가 미래의 지대를 충분히 다 반영하지 못하는 것이 보통이지만 그렇다고 해도 적어도 일부의 지대는 중복 부담하는 셈이 된다. 이러한 점을 감안한다면 다소간의 배려가 있어도 좋다고 본다.

셋째로 현실적인 고려이다. 이미 국민이 기존의 토지사유제에 익숙해져 있고 이를 바탕으로 하여 모든 사회제도가 형성되어 있는데 갑작스럽게 토지의 재산가치가 0이 된다면 일반 국민 및 다른 사회제도가 이에 잘 적응하지 못할 우려가 있다. 예를 들어 토지를 담보로 하는 금융거래가 보편화된 실정에서 토지의 담보가치가 일시에 사라진다면 채무불이행의 경우 해결이 어려워지므로 금융질서가 혼란스럽게 될 수도 있다. 또 지대조세제 도입 시에 토지소유자가 격렬하게 반대를 하게 될 것인데 이를 무마하기 위한 타협책의 일환으로 부득이하게 보상을 고려해야 하는 경우도 있을 것이다.

이런 여러 이유로 인해 보상을 고려한다면, 다음 두 가지 방법을 생각할 수 있다. 하나는 적당한 과도기간을 두어 지대세율을 점진적으로 높여가면서 지대조세제를 도입하되, 그 과도기간의 지대수입을 토지소유자에 대한 보상으로 보고 정부가 별도의 보상금을 지불하지는 않는 방안이다. 예를 들어 과도기간을 10년으로 할 경우 매년 세율을 전년대비 7%씩 올리면 과도기간이 끝날 때에는 세율이 100%에 육박하게 된다. 이 방법은 보상을 고려하는 방법이기도 하지만, 보상부정설의 입장에서 지대조세제를 도입하더라도 대화와 타협을 통해 정책을 결정할 수밖에 없는 민주국가에서는 대체로 점진적인 도입이 될 가능성이 크므로 자연히 이와 같은 결과가 될 것으로 전망된다.

또 하나의 방법은 실수요 목적의 토지소유자를 보호한다는 입장에서 실질적 손실과 이익을 고려하여 적정액을 보상하는 방법이다. 이때의 보상액, 즉 토지소유로 인해 생긴 손실액은 토지의 시가가 아니라 매입지가에 대한 원리금에서 토지소유기간의 지대를 공제한 금액이다.

보상액의 상한 = 토지소유자의 손실
= 매입지가 원리금 - 토지소유기간의 지대

위와 같은 보상액은 토지 시가에 비하면 훨씬 적은 금액이 될 것이다. 뿐만 아니라 토지소유자는 대체로 보아 당장 생활이 어려운 계층이 아니기 때문에 보상액을 일시에 현금으로 지불해야 하는 것도 아니다. 또 지대조세제가 도입되면 다른 조세가 감면되는데 이 감면액을 보상액에서 공제한다면 보상액은 더욱 줄어들 수 있다.

의문 3: 지대총액은 얼마나 되는가?

지대총액 규모가 얼마나 되는가도 큰 관심의 대상이 된다. 현대에 와서는 토지가 생산에서 차지하는 비중은 적어지는 반면 자본, 기술 등의 비중이 커졌기 때문에 지대의 규모도 별로 크지 않을 것이라고 생각하는 사람도 더러 있다. 만일 지대의 규모가 얼마 되지 않는다면 지대조세제의 도입을 위해 심각한 논의를 할 필요성도 적다는 점에서 그 규모에 관심을 가지게 된다.

우리나라에서는 매년 전국의 지가를 평가하고 있으나 지대는 평가하지 않고 있다. 따라서 지대총액을 직접 알 수는 없고 지가를 통해 아래에서와 같은 방법으로 짐작할 수 있다.

첫째로 완전경쟁시장에서라면 지대는 다음과 같은 식으로 계산할 수 있다.

금년의 연간 지대

= 현재의 지가 × (연간 이자율 - 연간 지대상승률 예상치)

이 식이 어떻게 도출되는지에 대한 자세한 설명은 생략한다. 궁금한 독자가 있다면 머리말에서 밝힌 지은이의 저서(『토지정책론』, 2002:

66-67, 325쪽)를 참고하기 바란다. 지가 총액이 1,500조 원 정도, 이자율이 10% 정도 된다고 하고 현재의 지가를 결정할 때 예상한 미래의 연간 지대상승률이 5%라고 하면 위 식에 따라 금년의 연간 지대총액은 1,500조 × (0.1−0.05) = 75조 원이 된다. 그런데 이런 방법을 이용하려면 연간 지대상승률 예상치를 알아야 하는데 직접적인 자료를 얻을 수 없어 아쉽다.

둘째로 토지의 매매가격과 임대가격 간의 관계를 통해 지대를 추산해 볼 수 있다. 매매가격으로 임대가격을 평가하는 평가법을 '적산법'이라고 하는데 적산법에 관해서는 한국감정평가협회가 정한 「토지보상평가지침」 제49조 제4항을 보자.

> 토지보상평가지침
>
> 제49조 [토지사용료의 평가]
>
> ④ 적산법에 의하여 적산임료를 구하는 경우에 적용할 기대이율은 당해지역 및 대상토지의 특성을 반영하는 이율로 정하되 이의 산정이 사실상 곤란한 경우에는 다음 각호의 이율을 기준으로 한다. (중략)
>
> 1. 대(상업용) 및 이와 유사한 토지: 연 8퍼센트 이내
> 2. 대(주거용 및 주상복합용) 및 이와 유사한 토지: 연 5퍼센트 이내
> 3. 전·답 및 이와 유사한 토지: 연 2퍼센트 이내
> 4. 임야 및 이와 유사한 토지: 연 1퍼센트 이내

위 인용 조문에서 적산임료는 연간 지대를, 이율은 지대/지가의 비율

을 의미한다. 1998년의 경우 상업용과 주거용을 포함한 대의 가격이 지가총액의 약 50%, 전·답의 가격이 지가총액의 약 15%, 기타토지의 가격이 지가총액의 약 35%이다. 지목이 대인 토지 중 상업용과 기타의 비율을 알 수 없으므로 대 전체의 이율을 상업용과 주거용의 중간인 6.5%로 보자. 그러면 연간 지대총액은 다음과 같이 계산된다.

$$\text{연간 지대총액의 상한} = \text{지가총액} \times (0.065 \times 0.5 + 0.02 \times 0.15 + 0.01 \times 0.35)$$
$$= \text{지가총액} \times 0.039$$

위 식을 이용하면, 전국의 지가총액이 1,500조 원이라면 연간 지대총액의 최대 규모는 58.5조 원이 된다.

아래 표에는 이 방법에 의해 추정한 결과가 실려 있다. 이때 사용한 이율은 모두 0.039(3.9%)로 하였다.

[표 7] 지대 총액과 조세 총액의 비교

단위: 조 원

연도	과세대상지가총액	지대총액(A)	조세총액(B)	A/B*100(%)
1975	76	2.9	1.5	190
1980	282	11.0	6.6	167
1985	478	18.7	13.5	138
1990	1,060	41.3	33.2	124
1995	1,310	51.1	72.1	71
2000	1,186	46.3	98.2	47
2004	1,830	71.4	142.0	50

자료: 2000년까지의 지가총액은 1998년 지가와 연도별 지가변동률로 추계. 1998년도 지가는 강원철·김복순(1998) 『전국지가총액추계』, 감정평가연구원. 나머지는 대한민국 통계정보 대표 홈페이지(http://www.stat.go.kr) 등 정부 발행 자료 활용.

여기에서 보듯이 과세대상 토지의 지대총액은 대단히 큰 금액임을 알 수 있다. 또 조세는 급격하게 늘어나는 반면 지가는 오랫동안 정체되었던 1990년대 이전에는 지대총액이 조세총액을 초과하고 있는 점도 주목할 만하다.

지가를 통해 같은 시점의 지대를 추정할 때 주의해야 할 점을 지적해 둔다. 지가는 부동산 경기에 민감하여 단기간에 큰 폭으로 변화하는 수가 적지 않으나 지대는 서서히 변화한다. 따라서 지가를 통해 지대를 추정하면 지대총액이 때로는 지나치게 높게 추산되고 때로는 지나치게 낮게 추산되므로 부동산 경기에 따라 추산액을 적절히 해석해 줄 필요가 있다.

또 한 가지는 본격적으로 지대세를 도입하면 위의 추산액보다 수입이 높아진다는 점이다. 우선 지대세를 징수하는 대신 다른 조세를 감면하면 그로 인해 토지사용을 위해 투입되는 비용이 줄고 그 결과 지대가 상승한다. 아래 "의문 4: 지대평가가 어렵지 않나?"에서 보겠지만 지대는 토지사용에 의한 총수입액에서 토지사용에 투입된 비용을 뺀 금액인데 종전에 토지사용비용을 구성하던 조세가 감면되면 그만큼 지대가 상승하기 때문이다. 또 제2장(무인도의 토지제도 설계)의 "토지원리의 확대: 천연자원과 환경" 부분에서 보았듯이 토지원리가 천연자원과 환경에까지 확대 적용되면 당연히 그 만큼 수입이 늘어난다.

의문 4: 지대 평가가 어렵지 않나?

지대에 과세하려면 토지의 임대가치인 지대를 평가하여야 하는데 토지는 평가가 어렵고 특히 토지 자체의 가치와 토지개량물(건물 등)의 가치를 구분하기 어렵다는 우려가 있다. 그러나 이것은 별 문제가 되지 않는다.

먼저, 토지는 평가에 있어 다음과 같은 점에서 다른 과세 대상보다 유리하다.

첫째로 토지는 다른 과세 대상과는 달리 물리적으로 숨길 수 없기 때문에 평가 대상에서 누락될 수 없다.

둘째로 인접한 토지간에는 유사성이 있고 인접하지 않았다고 하더라도 위치와 용도에 따라 유사한 가치를 가지는 경우가 많아 상호 참조에 의해 좀 더 정확한 가치에 접근할 수 있다.

셋째로 토지 평가액은 완전히 공개하여 일반인의 검증을 받을 수 있으므로 고의적인 봐주기나 실수에 의한 불공정한 평가를 막을 수 있다. 소득세나 부가가치세의 과세표준을 공개하면 개인의 프라이버시와 기업의 비밀을 침해할 가능성이 있다. 그러나 토지의 경우에는 당해 토지를 누가 소유하는지에 관계없이 토지의 위치별 가치 평가액만 공개하면 되므로 프라이버시나 영업상의 비밀과 무관하다. 지금도 우리나라를 비롯한 많은 나라에서 토지 과세표준을 공개하고 있다.

다음으로 과세표준의 이론적인 정의를 비교하여 평가의 난이도를 비교해 보자.

우선 같은 토지가치 중에서도 지대는 지가보다 평가가 쉽다. 어느 토지의 지대는, 앞의 무인도의 예에서 보았듯이 투입비용이 모든 토지에 있어 동일한 경우에는 그 토지의 생산에서 한계토지의 생산을 뺀

차액이다. 이때 한계토지의 생산은 토지사용에 투입된 임금, 이자 등 비용과 같다. 이를 투입비용이 토지마다 다른 경우로 일반화하면 다음과 같이 표시할 수 있다.

지대 = 토지사용에 의한 수입 - 토지사용에 투입된 비용

또 지가는 다음과 같이 정의된다.

지가 = 모든 미래 지대의 자본화 가치

위에서 "자본화 가치"란 미래에 발생하는 가치를 현재의 목돈 가치로 표현한다는 뜻이다. 즉 토지의 매매가격은 앞으로 계속해서 생길 지대를 한꺼번에 지불할 경우의 금액을 말한다. 이렇게 볼 때 현재의 지대 이외에 미래의 모든 지대를 알아야 하는 지가보다는 지대를 평가하는 것이 훨씬 쉬움을 알 수 있다.

다음으로, 지대는 다른 조세의 과표보다 이론적인 정의에 따른 평가가 더 어렵다고 할 수 없다. 대표적인 조세인 소득세, 부가가치세, 건물 관련세의 과표는 각각 다음과 같이 정의된다.

소득세 과표 = 수입 - 그 수입을 얻기 위한 필요 비용

부가가치세 과표 = 총매출액 - 원료구입비

건물세 과표 = 건물 신축비용 - 감가상각액

여기에서 감가상각이란, 건물은 시간이 흐르면 낡기 때문에 가치가 줄어드는데, 그 감소된 가치만큼을 원래의 가치에서 깎는다는 뜻이다.

지대의 정의와 여러 가지 과표의 정의를 비교해 보면 다음과 같은 결론이 나온다. 수입과 비용을 알아야 정확한 평가가 가능하다는 점에서 지대와 소득세 과표 평가의 난이도는 비슷한 수준이다. 부가가치는 모든 거래가 세무당국에 의해 포착되는 경우가 아니라면 정확한 평가가 극히 어렵다. 건물세 과표는 일반적으로 정확한 감가상각액을 측정하기가 쉽지 않고 또 건축양식이 오래된 건물의 경우에는 신축비용을 산출하기도 극히 어렵다. 즉 위에서 예시한 각종 과표 중에서 지대의 평가가 더 어렵다고 볼 근거가 없다.

또 무엇보다도 실무적으로 볼 때 토지는 거래사례비교법을 활용하여 평가할 수 있기 때문에 다른 과세 대상보다 평가가 용이하다. 거래사례비교법이란 정상적인 거래사례를 분석하여 특별한 사정이 있는 경우를 제외한 사례의 평균 거래액을 평가액으로 하는 방법이다.

또 거래사례비교법에서는 당연히 거래사례가 많을수록 진실에 가까운 금액을 찾을 수 있는데 이런 이유에서도 지대는 지가보다 평가가 쉽다. 토지의 (또는 토지를 포함한 부동산의) 매매사례보다는 임대사례가 훨씬 많다. 부동산 매매는 몇 년에 한 번 발생할까 말까 하는 정도이지만 부동산 임대는 계약이 거의 매년 갱신되고 특히 상업용 부동산의 경우에는 한 건물 내에서도 여러 임대사례가 발생한다.

때로는 경쟁입찰 방법으로 거래사례비교법과 비슷한 결과를 얻을 수 있다. 현 토지사용자가 사용을 포기할 때 정부 또는 정부위탁기관이 그 토지사용 희망자 간에 경쟁입찰을 실시하여 지대를 파악하는 방법이다. 입찰은 국공유 토지에 대해 실시하는 것이 보통이지만 사유 토지의 경우에도 실시할 수 있다.

한편, 지대세의 과표에는 토지개량물의 가치가 포함되지 않는 순수 토지만의 가치가 반영되어야 하는데, 순수토지의 가치와 토지개량물의 가치를 완전히 구분해서 평가하기 어렵다는 의문도 있다. 그러나 이런 의문도 별 근거가 없다.

우선 과세 대상으로서의 중요성이 높은 도시용 토지의 경우에는 토지와 건물의 분리 평가가 그다지 어렵지 않다. 예를 들어 특정 토지 주변의 개발상태는 그대로인 채 그 토지의 건물만 불타 없어졌다고 가정할 경우의 지대를 평가하면 된다. 현실적으로도 우리나라를 비롯하여 상당수의 국가에서는 실제로 재산관련 조세를 토지분과 건물분으로 나누어 평가하고 있다.

다만 농지의 경우에는 토지에 개량결과가 뒤섞여서 물리적으로 분리하기 어려운 측면이 있다. 거름을 주어 토질이 좋아질 경우에 원래의 토질과 인공에 의해 좋아진 토질을 구분하기 어렵다는 것이다. 그러나 이런 경우에도, 어떤 지출이 수입을 얻기 위해 투입된 필요 비용인가 아닌가를 판단해야 하는 소득세 과표 평가보다 토지와 개량물의 분리 평가가 더 어렵다고는 할 수 없다.

이런 점을 종합해서 판단하면 과세 목적으로 토지와 그 개량물의 분리 평가가 그렇게 어려운 것은 아니다.

토지는 물리적으로 숨길 수 없기 때문에 다른 과세 대상보다 세원 파악이 쉽다.

의문 5: 지가가 0이면 토지 배분은 어떻게 하나?

시장은 가격을 매개로 하여 자원을 적정하게 배분한다. 즉 수요가 늘어나면 가격이 오르고 그에 따라 공급이 늘어나서 수요를 충족시킨다. 또 수요가 줄면 가격이 내리고 그에 따라 공급이 줄어든다.

그런데 지대를 100% 징수하면 지가는 0이 된다. 즉 지가가 변동하지 않고 따라서 토지매매시장이 토지를 적정하게 배분하는 기능을 상실하게 되는데, 그렇다면 토지라는 귀중한 자원을 어떻게 효율적으로 배분할 수 있는지 의문이 생긴다.

토지매매시장이 토지자원의 배분에 관해 별다른 역할을 하지 못하게 되는 것은 지대조세제의 부작용이 아니라 바로 지대조세제가 의도하는 바이다. 우리가 최근 수십 년간 경험한 현실시장에서는 지가가 모든 미래의 지대를 반영하지 않으며 토지의 매매와 보유로부터 막대한 불로소득이 발생하고 그에 따라 토지투기라는 폐단이 발생하였다. 이와 같이 완전경쟁토지시장에서는 생길 수 없는 특이한 현상이 현실 토지시장에서 나타나는 것은 사회 변화는 빠른 반면 인간의 미래예측능력은 극도로 제한되어 있기 때문이다. 바람직한 지가는 미래의 지대를 반영해야 한다. 그러나 인간의 미래예측 능력은 극히 제한되어 있어 급격하고 광범위한 상황 변화가 일어나는 사회에서는 바람직한 지가가 형성될 수 없으며, 그로 인해 토지투기가 횡행하고 엄청난 불로소득이 발생하게 된다. 이러한 사회에서는 토지매매시장의 배분기능에 대한 기대를 버리는 것이 낫다. 반면 변화가 극히 완만한 정적인 사회에서라면 토지불로소득이 그리 크지 않을 것이므로 토지불로소득을 사후적으로 징수하는 보완조치를 두는 정도로도 큰 지장이 없을 것이다. 결국 토지매매시장의 불완전성으로 인한 폐해가 어느 정도인가에 따라 제도 전환의 타당성 여부가 결정될 것인데 변화 속도가 빠른 현대사회에서는 전환이 불가피한 것으로 판단된다.

토지매매시장이 무력화되어도 토지의 적정 배분에는 문제가 없다. 첫째로 지대조세제를 실시하면 당해 토지의 지대세에 상응하는 수준의 토지사용을 할 수 없는 사람은 토지를 소유하지 않으려고 할 것이다. 즉 토지를 소유하는 사람은 대체로 토지를 잘 사용할 사람이라고 보아도 무방하므로 토지의 적정 배분이 이루어지게 된다.

둘째로 부동산시장을 통해 토지의 적정 배분을 기할 수 있다. 토지는 건물을 포함한 부동산을 단위로 하여 거래되는 경우가 많고, 또 현재는 나대지라고 해도 결국은 개발될 것을 전제로 하여 거래되는 경우가 일반적이다. 지대조세제를 실시하면 토지소유 자체로는 아무 이익이 없게 되므로 개량물을 포함한 부동산 전체의 적정 배분이 관심의 대상이 되고 그에 따라 부동산의 일부인 토지의 적정 배분도 아울러 이루어질 수 있다.

토지 배분문제와 관련해서는 이 밖에도 다음과 같은 의문이 제기될 수 있다. 첫째, 토지매매시장의 배분기능이 무력화되면 토지소유자 또는 토지소유 희망자가 단기적인 관점만을 가지게 될 것이다. 이것이 장기적인 관점에서의 토지 배분에 지장을 초래하지 않겠는가? 둘째, 토지사유제하에서는 토지가격 하락을 우려하는 소유자가 토지를 양호하게 보전하려 할 것이다. 하지만 매각지가가 0이 되는 지대조세제하에서는 무책임한 소유자가 단기간에 토지를 마구 사용한 후 소유를 포기하지 않을까?

이런 의문도 부동산시장의 기능을 이해한다면 답이 나온다. 부동산 거래자는 부동산 전체의 이익에 관심을 갖게 되는데 부동산의 수명은 장기이기 때문에 부동산 소유자는 자연히 장기적 관점의 적정 이용을 도모하게 된다.

아울러 다음과 같은 방법으로도 토지소유자 또는 토지소유 희망자의 관점을 장기화하는 데 도움을 줄 수 있다. 첫째로 지대세액을 장기에 걸쳐 예고한다. 예를 들어 10년 정도의 기간 동안 징수할 지대세액을, 약간의 변경 가능성을 유보하는 가운데 예고한다면 토지소유자가 이를 참고하여 그 기간 동안의 토지사용을 계획할 수 있다. 둘째로 정부가 토지의 사용·개발에 관한 장기적 일정을 담은 시간적 토지계획을 수립하여 발표한다. 각자는 이를 참고하여 토지사용을 장기적으로 계획할 수 있다.

의문 6: 왜 토지에서 생기는 불로소득만 문제 삼나?

지대조세제는 본질적으로 지대수입이 불로소득이라는 이유로 지대를 환수하는 제도이다. 따라서 '세상에는 토지불로소득 외에도 여러 종류의 불로소득이 있는데 왜 토지불로소득을 우선적으로 환수하자고 하는가?'라는 의문도 흔히 제기된다. 하지만 이런 의문에 대한 답은 의외로 간단하다. 각종 불로소득 중에서 토지불로소득이 가장 악성(惡性)이기 때문이다.

불로소득이라고 하면 일반적으로 노력과 기여가 없이 얻은 경제적 이익 또는 노력과 기여에 대한 통상적인 대가 이상의 경제적 이익을 의미한다. 상식적인 수준에서 거론되는 불로소득을 예시하면 다음과 같다.

첫째로 일반적으로 투기라고 지칭하는 행위, 즉 매매차액을 노리는 행위에서 발생하는 소득이 있다. 투기에는 토지투기 외에도 증권, 서화, 골동품, 복권에 대한 투기가 있고 그 밖에도 농산물, 기타 상품에 대한 투기도 있다.

둘째로 매매차액이 아닌 불로소득이 있다. 특별한 선천적 재능과 같은 천부적 요인에 의한 가외 소득, 정부나 권력에 의한 특혜 또는 신분에 의한 특수이익 등과 같은 권력적·사회적 원인에 의한 소득, 상속이나 증여 등 개인적 원인에 의한 소득 등이 여기에 해당된다.

그 밖에도 금융저축에 대한 이자, 예상외로 히트한 상품의 수익, 특허에 의한 이익, 타인이나 사회가 조성한 외부경제의 이익 등을 불로소득이라고 보는 견해도 없지는 않을 것이다.

이러한 각종 불로소득은 그 악성의 정도에서 차이가 있는데 악성도는 다음과 같은 기준에 의해 판단할 수 있다.

① 사회적 차원에서는 불로소득의 순폐단 크기로 판단한다. 순폐단이란 불로소득의 총폐단에서 그 불로소득을 인정함으로써 얻을 수 있는 사회적 이익을 뺀 나머지를 의미한다. 불로소득의 순폐단이 클수록 악

성도는 높아진다.

② 개인적인 차원에서는 불로소득을 얻을 수 있는 기회가 균등한가 그리고 자신의 잘못 없이 입게 되는 손실 즉 무책손실을 피할 수 있는가에 의해 판단한다. 불로소득을 얻을 기회의 불평등 정도가 클수록 악성도가 높다. 또한 한 편에서 불로소득을 얻는 자가 생기면 다른 편에서 아무 잘못 없이 손실을 입는 자가 발생하는 경우가 많은데 이런 경우에 일반 국민이 무책손실을 피할 수 있는 가능성이 낮을수록 악성도가 높다.

이런 기준에 비추어 본다면 토지불로소득이 가장 악성임에 분명하다. 첫째로 토지불로소득은 폐단은 크고 사회적 이익은 전혀 없다. 둘째로 법적으로는 누구나 토지를 소유할 수 있으므로 토지불로소득을 얻을 기회도 균등하다고 할 수 있을지 모르나, 토지소유자가 되기 위해서는 막대한 금액의 지가를 지불해야 한다. 이러한 높은 진입장벽이 있는 한 기회는 실질적으로 매우 불균등하다. 셋째로 토지불로소득은 비지주계층에서 지주계층으로 이전되는 소득인데 토지는 모든 사람의 필수물자이므로 비지주계층이 그 피해를 회피할 방법이 전혀 없다.

반면 다른 불로소득은 모두 위의 두 기준 중 하나 이상에서 토지불로소득보다 악성이 덜하다. 예를 들어 증권의 시세차익도 불로소득의 일종이지만 증권거래는 자본 조달의 한 방법이라는 사회적 기능을 갖고 있다. 이자소득도 마찬가지다. 넓은 의미에서 이자소득 역시 불로소득의 일종이라 할 수 있지만 이자소득을 인정함으로써 자본의 축적과 융통을 촉진할 수 있기 때문에 이 역시 사회적 기능을 가진다.

그러므로 불로소득 중 가장 악성인 토지불로소득이 최우선적인 징수 대상이 되는 것이 당연하다. 다만, 권력적·사회적 원인에 의한 불로소득 중에는 토지불로소득과 비슷한 정도의 악성도를 가지는 것이 있는데(예를 들면 권력이 특정기업에 특혜를 줌으로써 그 기업이 얻는 특별이익) 이런 불로소득은 징수에 있어 토지불로소득과 동등한 우선 순위를 부여해야 할 것이다.

의문 7: 누가 토지를 소유하고 개발하려 하겠는가?

현재와 같은 토지사유제하에서 토지를 취득하려는 자는 토지의 투자가치를 고려하게 되며 투자 전망이 없는 토지는 소유하려 하지 않는 경우가 많다. 그러므로 '토지가치를 모두 징수하는 지대조세제하에서는 토지를 소유하려는 의욕이 떨어지지 않을까?'라는 의문을 가질 수도 있다. 이와 비슷한 것으로 토지개발이나 천연자원 탐사의 경우를 들 수 있다. 토지개발이나 천연자원 탐사에는 통상 많은 자금이 투입되고 성공여부도 불확실한 경우가 많은데, 성공했을 때 뛰어오르는 토지가치를 모두 징수해 버리면 누가 개발이나 탐사에 관심을 가질 것인가?

먼저 소유 의욕에 대해 생각해 보자. 토지를 취득하는 목적은 실수요 목적과 투자(내지 투기) 목적의 두 가지로 나누어 볼 수 있다. 지대조세제는 실수요 목적의 토지취득은 촉진하고 투자(내지 투기) 목적의 토지취득은 억제한다.

만일 자기 소유가 아닌 토지를 사용하는 세입자(貰入者)가 추가비용

없이 당해 토지를 소유할 수 있다면 당연히 토지소유자를 겸하려고 할 것이다. 세입사업자의 토지사용권은 토지소유자의 권리에 의해 제약되지만 토지소유자가 되면 그러한 제약에서 벗어나기 때문이다. 지대조세제하에서는 지가가 0이므로 토지취득에 드는 비용이 없고, 토지소유자가 되더라도 종전에 토지소유자에게 지불하던 토지임대료에 상당하는 금액을 지대세로 납부할 뿐 그 밖의 비용은 들지 않는다. 따라서 지대조세제하에서 실수요 목적의 토지취득은 오히려 촉진된다.

반면 지대조세제하에서는 토지를 단순히 소유하는 것만으로는 아무런 이익이 발생하지 않고 토지를 제대로 사용하지 않으면 오히려 손실을 입기 때문에 투자(내지 투기) 목적의 토지소유는 사라질 것인데, 이 점은 지대조세제의 문제점이 아니라 오히려 장점이다.

둘째로 개발 및 탐사 의욕에 대해 생각해 보자. 개발과 탐사도 일반사업과 마찬가지로 사업 자체의 수익성 판단에 따라 사업추진 여부를 결정하는 것이 사회를 위해 바람직하다. 토지 및 천연자원의 지대까지 사업자가 사유화한다는 전제하에 사업의 수익성을 판단한다면, 자체로서는 수익성이 적은 사업도 지대상승을 유발할 경우에는 추진될 가능성이 있으며 그로 인해 사회적으로 자원의 낭비를 초래한다.

다만 지대조세제하에서도 개발이나 탐사를 촉진해야 할 필요성이 있을 경우에는 보조금 지급, 비용 보상이나 특허 인정 등의 방법으로 개발자에게 인센티브를 줄 수도 있다. 이런 방법은 특별한 정책적 목적을 달성하기 위해 제한적으로 사용할 수 있는 방법일 뿐이므로 이를 일반화해서는 안 된다.

의문 8: 지대세가 전가되지 않나?

지대조세제는 지대세를 모두 토지소유자가 부담할 경우에 그 효과가 완전하게 나타난다. 교과서에서는 지대세와 같은 토지보유세는 전가되지 않고 모두 토지소유자가 부담하는 것으로 되어 있으나 현실에서는 지대세가 전가되어 지대조세제를 유명무실하게 만들 수 있다는 의문도 있다.

여기에서 전가라는 말은 "책임을 전가한다"는 표현에서처럼 남에게 떠넘긴다는 말이다. 조세를 내는 사람은 갑이지만 그 금액을 실제로 부담하는 사람은 을이라면, 조세가 갑으로부터 을에게로 전가된다고 한다. 예를 들어 부가가치세는 상품을 파는 사람이 납부하지만 결국 그 세액을 부담하는 사람은 소비자인데 이때 부가가치세는 상인으로부터 소비자에게로 전가된 것이다.

완전경쟁시장을 상정하는 교과서에서는 지대세와 같은 토지보유세는 전혀 전가되지 않는다고 되어 있다. 그 이유에 대한 자세한 설명은 생략하기로 하지만, 아무튼 토지소유자는 지대세를 다른 사람에게 전가하지 못한다는 것이 모든 교과서의 일치된 견해이다. 반면, 교과서적인 완전경쟁시장과는 달리 토지 또는 상품의 독과점이 존재하는 현실에서는 지대세가 얼마간 전가될 수 있다고 보는 것이 온당할 것이다. 그러나 현실에서는 거의 모든 조세가 전가될 수 있다는 점을 생각하면 전가 가능성이 있다고 해서 지대조세제에 반대하는 것은 옳지 않다.

예를 들어 누진소득세는 고소득층에 높은 소득세를 부과함으로써 소득재분배를 통한 과세공평을 달성하는 것이 목적이다. 그러나 고소득층인 기업경영자가 소득세 공제 후의 가처분소득을 봉급 책정 기준으로 삼아 자신의 소득세를 전가시킬 수 있다. 고소득층에 대한 누진소득세가 전가된다면 누진소득세의 목적은 그만큼 제한된다. 또 일반노동자에 대한 소득세 역시 전가될 수 있다. 노조가 임금협상을 할 때 소득세 공제 후의 가처분소득을 기준으로 협상에 임한다면 결국 소득세는 기업 또는 소비자에게 전가된다. 그러므로 전가를 이유로 지대세를 비판한다면 같은 이유에서 소득세도 비판해야 옳다는 것이다.

이러한 점을 고려한다면 판단의 기준은 전가가 되느냐 안 되느냐에 있는 것이 아니라 전가의 정도가 극심하여 조세 부과의 본래 목적을 달성할 수 없을 정도이냐 그렇지 않으냐에 두어야 한다. 만일 현실에서 지대세의 전가율이 매우 높고 앞으로도 전가율이 낮아질 전망이 없다면 지대세의 이론상의 효과가 아무리 뛰어나더라도 구태여 기존 세제를 개혁하여 지대조세제로 전환할 이유가 없다. 그러나 전가율이 그리 높지 않거나, 당장은 전가율이 높더라도 점차로 전가율이 낮아진다고 한다면 전가 가능성은 지대조세제에 반대할 근거가 될 수 없다.

지대조세제 시행 초기에 지대세의 전가율이 얼마가 될지 확실하게 알 수는 없지만 다른 조세보다 높지는 않을 것이다. 또 지대조세제를 계속 실시해 가면 전가율이 낮아진다. 토지보유세는 토지소유자의 토지시장 지배력이 크거나 토지사용자의 생산물시장 지배력이 클 경우에만 전가될 수 있는데, 지대세는 토지불로소득을 줄임으로써 토지소유자의 시장지배력을 약화시키는 효과를 갖기 때문에 지대조세제를 실시하면 토지소유자의 전가 능력도 시간이 흐름에 따라 약화된다.

의문 9: 제도 전환의 어려움이 크지 않을까?

새로운 제도를 도입하게 되면 제도 전환에 많은 행정 비용이 들고, 국민과 사회도 적응에 큰 부담을 가지게 될 것이라는 의문이 제기될 수도 있다.

먼저 행정비용의 문제를 보자. 지대조세제를 도입할 때 추가로 드는 행정비용은 지대를 새로이 평가하는 비용뿐이다. 그런데 지금까지 평가하던 지가는 평가할 필요가 없어지므로 지가평가 비용이 절감되는 동시에 지대는 지가보다 평가하기가 쉬우므로 행정비용은 종전보다 오히려 절약될 수 있다. 뿐만 아니라 지대세 수입만큼 다른 조세를 면제한다면 면제되는 조세의 과표를 평가하는 비용도 절약된다. 그러므로 행정비용은 문제가 되지 않는다.

둘째로 새 제도에 적응하기 위한 부담의 문제를 보자. 채무를 담보하기 위해 토지에 저당권을 설정해 둔 경우 지가가 0이 되면 채무담보가 불가능해지지 않을까? 또 국민 개인의 삶 차원에서도 부담이 생길 수 있다. 일례로 퇴직금으로 부동산을 구입하여 두고 그 임대료로 겨우 생활하는 노인의 경우 지대조세제가 실시되면 당장 살기 어려워지게 되는 것이 아닐까?

어떤 제도의 전환에서도 적응의 문제는 발생할 수 있다. 그렇지만 문제의 심각성이 새 제도를 무의미하게 할 정도가 아니라면 제도 전환

자체를 반대할 구실이 될 수 없다. 새 제도 시행으로 적응에 어려움이 예상된다면 이를 완화할 수 있는 조치를 마련하면 된다.

예시된 문제 중 채무담보의 경우는 토지보상을 전제로 한 지대조세제 전환이라면 아무런 문제가 되지 않는다. 그 보상금에 담보를 설정하면 쉽게 해결할 수 있기 때문이다. 또 토지보상이 없는 경우라도 새 제도를 장기간에 걸쳐 점진적으로 실시하면 별 문제없이 적응할 수 있을 것이다. 임대료 수입으로 생활하는 퇴직 노인의 경우도 마찬가지다. 그가 저소득층이라면 복지정책 차원에서 배려를 하면 되고, 혹 지대조세제로 전환할 때 토지보상이 이루어진다면 보상금으로 조세에 충당하면 된다.

이 밖에도, 기득권자의 정치적 저항을 우려하는 사람도 적지 않다. 이러한 우려는 모든 개혁에 공통된다. 개혁이란 현실이 부당하기 때문에 필요한 것이고 이상적인 개혁일수록 기득권자의 이해관계와 상충하는 경우가 많기 때문이다. 따라서 지대조세제의 실현을 위해서는 국민적 공감대를 넓히는 활동, 정치적 지지를 확보하는 활동을 펼쳐 나가야 할 것이다.

지대조세제의 내용이 국민에게 충분히 전달된다면 반대자는 소수의 대지주 계층에 국한될 것으로 예상된다. 토지불로소득을 최우선적인 정부수입으로 삼는다는 지대세의 명분에 대부분의 국민이 쉽게 공감할 것이다. 또 지대조세제가 경제를 살리는 제도라는 점, 지대조세제를 실시하면 지금보다 세금 부담이 줄어드는 국민이 훨씬 많다는 점을 이해시킨다면 국민의 폭넓은 지지를 확보할 수 있을 것이다.

또 제6장(지대조세제로 가는 전략)에서 소개하는 국토보유세 전략을 활용한다면 제도 전환에 따르는 문제도 대부분 해소되기 때문에 연착륙이 쉬울 것으로 본다.

의문 10: 현실에서나 학계에서 어느 정도 수용되고 있나?

지대조세제를 전면적으로 시행하고 있는 나라는 아직 없으며 학계에서도 이 제도를 비중 있게 다루지 않고 있는데, 이것은 제도에 문제가 있기 때문은 아닌지 의문을 제기할 수도 있겠다.

지대조세제가 이상으로 삼고 있는 '지대의 100% 징수, 소득세·부가가치세 등의 조세 철폐' 단계까지 나아간 사례는 아직 없다. 그러나 완화된 형태로나마 대만, 미국, 호주, 덴마크, 남아프리카공화국 등에서 시행되어 좋은 결과를 낳은 바 있다. 우리나라에서도 토지가 재산축적의 수단이 되지 못하도록 정부가 토지문제에 보다 적극적으로 개입해야 한다는 토지공개념이 대다수 국민의 공감을 얻고 있다. 이미 어느 정도 법제화되어 있는 토지공개념 중 개발이익 환수정책은, 아직 불완전하지만, 지대조세제와 그 방향이 같다.

또 지대조세제에 대한 학계의 태도는 엇갈린다. 지대세와 같이 지대를 과표로 하고 세율이 일정한 토지보유세가 이론적으로 가장 우수한 조세라는 점에 대해서는 이견이 없는 것으로 보인다. 이 사실은 재정학이나 조세론 교과서를 참고하면 쉽게 확인할 수 있다. 그런데도 구체적으로 지대조세제를 도입하자는 주장을 지지하는 학자는 그렇게 많지 않은 형편이다.

이처럼 지대조세제가 학계와 현실 사회 속에서 그 뿌리를 쉬 내리지 못하는 것은 진리가 세상에 쉽게 수용되지 않는 것과 동일한 이유 때문이다. 지대조세제에 국한하여 보면 그 이유는 다음과 같다.

첫째로, 지대조세제의 주창자인 헨리 조지(Henry George, 1839~1897)는 학계 인사가 아니라, 학계를 포함한 기성 질서를 공격하는 재야학자 내지 재야운동가였다. 때문에 그의 이론은 처음부터 학계에 쉽게 수용되지 못했다. 헨리 조지에 대해서는 제8장(가벼운 읽을거리)을 참고하기 바란다.

둘째로, 지대조세제는 토지를 독과점함으로써 손쉽게 사회를 지배하고 이를 유지해 나가는 기득권층을 위협하는 제도이기 때문에 현실에서도 역시 쉽게 수용되지 못했다.

셋째로, 20세기 들어 전통적인 자본주의와 이를 개혁하려는 사회주의의 양대 진영이 세계의 실권을 장악하여 지대조세제와 같은 제3의 대안이 발붙일 틈이 없었다.

넷째로, 토지의 독자성을 인정하지 않는다는 공통점을 가진 신고전학파와 좌파 경제학이 양대 진영의 이론적 지주가 되어 20세기 경제학계의 주도권을 장악하여 왔기 때문에 토지를 중시하는 지대조세제가 대접을 받지 못했다.

Ⅵ. 지대조세제로 가는 전략

지대조세제 도입 전략

지대조세제에는 두 가지 목표가 있다. 하나는 일단 토지불로소득을 완전히 환수하여 토지투기를 근절하는 것이고(목표 1: 토지불로소득 환수), 또 하나는 나쁜 세금을 좋은 세금으로 대체하여 조세의 부작용을 줄이는 것이다(목표 2: 조세 대체). 그런 의미에서 지대조세제는 사회정의와 경제효율이라는 두 마리 토끼를 동시에 잡을 수 있는 이상적인 토지제도이자 이상적인 조세제도다.

그러나 지대조세제는 지가를 0으로 만들기 때문에 이를 단기간에 도입하면 사회에 상당한 충격을 줄 수 있다. 예를 들어보면, 토지를 담보로 하는 대출이 일반화된 사회에서는 토지 담보 대출은 무담보 대출과 다름없게 된다. 이러한 문제를 막으려면 사회가 새로운 제도에 적응할 수 있는 시간 여유가 필요하다.

완전한 지대조세제로 서서히 나아가는 방법 가운데는, 우선 일거에 목표 1을 달성한 다음 목표 2를 향해 나아가는 2단계 전략도 있고, 두 목표를 향해 동시에 점진적으로 나아가는 방법도 있다. 전자의 활용 수단은 '국토보유세'다. 그래서 이를 '국토보유세 전략'이라 부르려 한다. '국토보유세'란 제3장(우리의 토지 현실)에서 다룬 '지대이자차액'을 징수하는 세금과 같다. 지대이자차액세라는 용어가 너무 딱딱하기 때문에 조금이라도 친근하게 들리도록 '국토보유세'라고 부를 뿐이다. 후자의 활용 수단은 '지대세'다. 지대세의 세율을 낮은 수준에서 시작하여 점차 올려가게 된다. 그래서 이를 지대세 전략이라고 부르려고 한다.

지금까지 지대조세제 관련 연구에서는 주로 지대세 전략을 상정하고 있었다. 지은이도 이 책의 머리말에서 언급한 저서(『토지정책론』, 2002)의 제10장에서 지대세 전략의 구체적인 방법으로 '예고 후 실시' 방법과 '점진적 실시' 방법을 검토하였다. '예고 후 실시'란 지대조세제 실시를 예고한 후 유예기간이 경과하면 일시에 실시하는 방법이고, '점진적 실시'란 지대세율을 조금씩 올려가는 방법인데 점진적 실시 방법이 바로 여기에서 말하는 지대세 전략이다.

두 전략의 방법과 진행을 비교하면 다음 표와 같다.

[표 8] 지대조세제로 가는 두 전략

전 략	방 법	진 행
국토보유세 전략	국토보유세 도입	목표 1 달성 후 목표 2로 나아감
지대세 전략	점진적 세율 인상	두 목표를 향해 같이 나아감

국토보유세 전략은 토지불로소득을 완전히 환수하면서도 제도의 연

착륙이 쉽다는 장점이 있으며 또 일단 도입을 한 후에 추가 조치를 취하지 않더라도 지대가 상승함에 따라 저절로 완전한 지대조세제에 근접해간다는 장점도 있다.

반면, 지대환수율 즉 세액/지대의 비율을 정책적으로 조정할 수 없다는 한계도 있다. 따라서 경제에 짐을 지우는 나쁜 세금을 그렇지 않은 좋은 세금으로 바꾼다는 조세 대체 목표를 국토보유세가 언제 달성할 수 있을지 분명하지 않다. 이자율의 변동 폭이 크지 않다고 한다면 지대상승률이 높을수록 지대환수율이 급속하게 커져서 목표에 접근하는 시간이 단축될 것이다. 그러나 극단적으로 지대상승률이 0이라면 이 목표는 영영 달성할 수 없게 된다.

지대세 전략은 완전한 지대조세제를 향해 두 목표를 동시에 추구하면서 그 속도를 정책적으로 조정할 수 있다는 장점이 있다. 반면에 세율이 상당한 정도로 높아지기 전까지는 토지투기를 토지보유세가 아닌 다른 수단으로 해결해야 한다는 문제가 있으며, 이런 문제를 피하기 위해 인상 속도를 올리려면 그런 속도가 사회적으로 안전한가에 대한 면밀한 사전 검토가 필요하다. 또 지대세를 인상해가면 궁극적으로는 지가가 0으로 하락하게 되는데, 반대 측에서 이를 사유재산 침해라 공격하면 현실적으로 만만치 않은 논쟁이 일어나게 된다.

국토보유세는 연착륙이 쉽다

이런 장단점을 다 감안하면 어느 안이 더 낫다고 단정 짓기가 어렵다.

다만 토지불로소득을 단기간에 완전히 환수하면서도 연착륙이 쉽다는 점에서 국토보유세가 보다 현실적인 전략이라고 지은이는 생각한다. 이런 의미에서 국토보유세 전략을 좀 더 자세히 살펴보기로 한다.

국토보유세가 토지불로소득을 완전히 환수할 수 있는 이유에 대해서는 제3장(우리의 토지 현실) 중 "지대이자차액만 징수해도 된다" 부분에서 설명하였으므로 다시 거론하지 않겠다. 여기에서는 지대세와 똑같은 효과를 내는 국토보유세가 지대세보다는 연착륙하기 쉬운 제도라는 점에 대해서만 검토해 보자. 연착륙이 쉬운 이유는, 기존의 토지제도하에서 성립된 경제 질서에 별다른 충격을 주지 않으며 국토보유세를 반대하는 쪽에 저항의 명분을 제공하지 않기 때문이다.

우선, 국토보유세는 기존의 경제 질서에 별다른 충격을 주지 않는 안전한 방법이다. 무엇보다도 지가가 일정하게 유지되기 때문에 지가 존재에 대한 기대를 바탕으로 형성된 사회관계에 별다른 영향을 주지 않는다. 예를 들면 토지를 담보로 하여 이루어진 대출의 회수를 염려할 필요가 없다. 또, 부동산 세액이 갑자기 크게 인상되는 일이 없기 때문에 토지소유자의 생활에도 별다른 영향을 주지 않는다.

다음으로, 국토보유세에 대해서는 반대할 명분이 별로 없다. 국토보유세는 불로소득에 대한 징수이므로 헌법이 보호하려는 노력과 기여의 대가와는 무관하다. 또 매입지가 원리금을 보장하므로 토지소유자를 불리하게 만들지도 않는다. 반면 지대세는 궁극적으로 지가를 0으로 만들기 때문에 서서히 도입한다고 해도 사유재산 침해라는 저항의 구실을 줄 수 있다. 물론 지대세로 인해 궁극적으로 지가가 0이 된다고 해서 사유재산 침해가 되는지에 대해서는 다른 견해가 있을 수 있지만 국토보유세는 그런 저항의 빌미조차 주지 않는다.

참고로 지대세가 지가를 0으로 하락시키더라도 사유재산을 침해하는 것은 아니며, 또 제도를 서서히 도입할 경우에는 토지소유자에게 별도의 보상을 할 필요가 없다는 것이 필자의 생각이다. 자세한 것은 제5장(지대조세제에 대한 의문) 중 "의문 2"를 참조하기 바란다.

등록지가는 어떤 금액으로?

국토보유세를 부과하려면 지대에서 매입지가에 대한 이자를 공제해야 한다. 그러므로 특정 시점의 지가를 확정해 두어야 하며 확정된 지가를 모든 사람이 알 수 있게 하려면 등기부에 등록해 두는 것이 가장 좋다.

이때 등기부에 등록하는 '매입지가'를 실제 매입한 시점의 지가로 할 것인지 아니면 다른 시점의 지가로 할 것인지에 관해서는 다음 세 가지 방식을 생각해 볼 수 있다.

1) 매입 시점의 지가 (방식 1)

토지불로소득의 정의에 충실하게, 등록지가를 현 토지소유자가 매입한 당시의 지가로 하는 방식이다.

등록지가 = 현 토지소유자가 매입한 시점의 지가

이런 방식을 채택할 때 문제가 되는 것은 과거 매입 시점의 지가를 어떻게 알 수 있는가이다. 이 점에 관해서는 현행 양도소득세에도 같은 문제가 있기 때문에 실무적인 해결책을 마련해 두고 있다. 지가공시제가 시작된 시점 즉 1990년 8월 30일 이후 거래된 토지의 기준시가는 개별공시지가를 적용하고 그 전에 거래된 토지의 기준시가는 토지등급 가액을 고려하여 적절한 공식으로 계산한다.

또 이런 방식으로 국토보유세를 실시한다는 사실이 알려지면 세액을 줄이기 위한 위장매매가 횡행할 수 있다. 양도소득세가 매매차액의 100%가 안 되는 상황에서 매입지가를 높여서 등록해 두면 등록지가에 대한 이자가 커지므로 세액이 줄어든다는 것이다. 물론 실제로 거래가 이루어진 매입지가가 아니라 매입 시점의 객관적인 지가를 (예를 들면 공시지가를) 등록지가로 삼는다면 위장매매를 한다고 해서 세액이 줄어들지는 않는다. 그러나 위장매매가 보편화될 경우에는, 그 자체로 사회문제가 되기도 하고 또 공시지가가 시세를 반영하지 않는다는 시비가 널리 일어날 수도 있다. 따라서 <방식 1>을 택하더라도 등록지가는 위장매매와 무관한 지가로 해야 한다는 점을 사전에 명시할 필요가 있다.

2) 실시 시점의 지가 (방식 2)

매입 이후 지가가 상승한 경우가 많은 현실에서, 등록지가는 다음과 같이 국토보유세를 도입하는 시점의 지가가 되어야 한다는 압력이 생길 수 있다.

등록지가 = 도입하는 시점의 지가

매입 시점이 아닌 도입 시점의 지가를 등록지가로 삼는 것은 토지불로소득의 정의에 맞지 않는다. 그러나 매입 시점 이후에 지가가 상당히 상승한 경우에는 <방식 1>을 둘러싸고 '재산권을 침해한다'는 시비가 일어날 가능성이 없지 않으므로 <방식 2>를 예비적으로 고려해 둔다.

3) 절충안 (방식 3)

<방식 1>과 <방식 2>의 절충안도 있다. 예를 들어 다음과 같이 할 수도 있다.

등록지가 = 도입 시점의 지가의 χ%와 과거 매입 시점의 지가 중 큰 금액

(이 식에서 χ는 100보다 작아야 한다.)

이 방식은 국토보유세 논의 과정에서 <방식 1>과 <방식 2>가 맞설 경우 타협점이 될 수 있다. 또 <방식 1>이 금융 부실을 야기할 가능성이 있는 경우에도 이 방식을 활용할 수 있다. 금융 대출의 상당 부분에서 토지 담보 대출액이 매입지가를 초과한다면 대출 회수가 어려워져서 금융발 경제 침체로 이어질 수 있기 때문이다. 이 경우에는 위 식에서 χ를 담보가치 대비 대출금액(LTV, loan to value) 비율 밑으로 내려가지 않도록 배려하면 된다.

4) 등록지가 선택제

국토보유세를 처음 도입할 때의 등록지가는 위의 세 방식 중 하나가

되겠지만 일단 도입하고 난 뒤부터는 새로운 매입자가 자신의 형편에 맞게 등록지가를 선택하도록 해주어도 된다. 예를 들어 등록지가가 3억 원인 토지를 매입하려는 사람의 가용자금이 2억 원밖에 안 된다면 정부가 그 차액 1억원을 매각자에게 지불하고 등록지가를 2억 원으로 바꾼 다음 추후 국토보유세액에서는 2억 원에 대한 이자를 공제한다는 것이다.

정부 재정 능력이 한정되어 있기 때문에, 등록지가를 낮추려고 하는 사람이 너무 많을 경우 모든 신청을 다 받아 줄 수는 없을 것이다. 그러나 등록지가가 낮을수록 목돈을 동원하기 어려운 사람의 토지취득 기회는 더 넓어지므로 재정 능력의 범위 내에서라면 가급적 하향 선택 기회를 확대하는 것이 바람직하다. 다만 등록지가를 낮추더라도, 토지소유자가 국토보유세를 체납하거나 경제가치가 없는 사용결과를 남긴 채 토지를 포기할 경우에 대비하여, 보증금 정도의 금액은 유지하는 것이 좋겠다.

등록지가 변경을 희망하는 사람 가운데에는 더 높은 금액으로 올리고 싶은 사람도 있겠지만, 등록지가를 올려놓으면 추후 목돈을 마련하기 어려운 토지 수요자에게 불리하게 작용할 수 있고 미래의 정부 수입을 줄이므로 특별한 경우에 한해서만 상향 선택을 인정하거나 아예 인정하지 않아도 좋다고 본다.

공시지대와 이자율

우리나라에 공시지가는 있지만 공시지대는 없으므로 이를 새로이 평가할 필요가 있다. 지가는 미래의 개발 전망에 의해 크게 영향을 받으며 현재의 용도에 비해 장래의 개발 전망이 좋을수록 지대 대비 지가의 비율이 커진다. 따라서 단순히 공시지가에 특정 비율을 곱하여 지대를 구할 수는 없다. 다만 공시지대 평가가 정착되기 전까지는 한국감정평가협회가 마련한 "토지보상평가지침"에 따른 공시지가를 기준으로 토지사용료를 평가할 수 있을 것이다.

지대는 특별한 경우가 아니면 단기간에 급변하지 않으므로 지대 평가의 주기는 3년 정도로 해도 좋을 것이다. 그러나 대규모 개발, 사회기반시설 확충, 용도변경 등 특별한 요인이 작용하는 지역에서는 주기와 무관하게 새로 평가해야 한다. 토지 소유자가 장기적인 관점에서 토지를 사용하도록 배려하려면 취득 후 첫 10년 정도의 지대를 예고하고 이 기간 동안 소유자와 토지 용도에 변동이 없는 한 국토보유세액도 변화시키지 않는 것도 한 방법이다.

환수 대상의 지대는 '발생한 지대로 해야 하나, 실현된 지대로 해야 하나?'라는 의문이 제기되기도 한다. 발생한 지대란 토지의 잠재적인 사용가치, 즉 경제지대를 말하며 실현된 지대란 사용이나 임대를 통해 구체화된 소득을 말한다. 또 지대 가운데 토지소유자의 행위에 의해 변화한 금액도 환수 대상이 되는가에 대한 의문도 있다. 지은이는 당연히 모든 지대가 환수 대상이 되어야 한다는 입장이다. 이 문제에 대한 종합적인 고찰은 머리말에서 소개한 졸저(『토지정책론』, 2002: 120면 이하)를 참조하기 바란다.

국토보유세가 정착되고 공시지대가 평가되면 지가공시 제도는 필요 없어진다. 현재 지가공시 제도를 두는 것은 과세 또는 보상의 기준으로 삼기 위해서인데 이 경우 모두 지가를 평가할 필요가 없어진다. 국세의 경우, 국토보유세는 당연히 공시지대를 이용하면 되고, 뒤에서 언급하듯이, 양도소득세를 유지할 경우에는 당사자가 신고하는 거래가격을 이용하면 된다. 토지에 부과하는 지방세로는 재산세, 취득세, 등록세가 있다. 재산세 중 토지에 대한 부분은 공시지대를 이용하면 된다. 취득세와 등록세는 거래세인데 거래세는 부동산 거래를 저해하는 부작용이 있으므로 아예 이를 폐지하고 재산세를 올려서 세수입을 맞추는 것이 좋다고 보지만, 이런 세목을 그대로 둔다고 하더라도 양도소득세 신고가격을 이용하면 된다. 보상의 경우에도, 실제 지가는 등록된 지가와 비슷하게 유지되므로 지가를 따로 평가할 필요가 없다. 따라서 전국 토지를 대상으로 하는 지가공시 제도는 없애도 된다. 다만, 등록지가와 실제 지가 간에 괴리가 크게 생긴다면 이는 국토보유세 집행에 문제가 있음을 의미하는 것이므로 지가를 다시 한 번 파악해 볼 필요가 있다.

또 이자율도 정해야 한다. 국토보유세에서 매입지가에 대한 이자를 공제하는 것은 토지 보유 비용을 인정해 주기 위해서다. 비용에는 기회비용과 실비용이 있다. 자기 자금으로 토지를 매입한 사람의 보유 비용은 매입자금의 기회비용이 된다. 즉 예금 이자 내지 평균 투자수익이 보유 비용이다. 한편, 자금을 빌려서 토지를 매입한 사람은 실제 지불하는 이자가 보유 비용이 된다. 즉 대출이자율이 보유 비용이다. 그러므로 기회비용과 실비용 사이의 적절한 선에서 이자율을 결정하면 된다.

등록지가 선택제와 관련해서 생각해 보면, 이자율이 높으면 국토보유세 공제액이 커지므로 등록지가를 높이려는 사람이 많을 것이고 이자율이 낮으면 그 반대가 될 것이다. 등록지가가 낮을수록 토지 취득기회가 공평해지고 또 완전한 지대조세제에 가까워진다는 점을 생각하면 이자율을 다소간 낮게 유지하는 것이 더 나을 것으로 본다.

정부의 입장에서는 국토보유세 공제용 이자율을 정부 차입금 이자율과 일치시키는 것도 좋다고 본다. 위의 예에서 정부가 토지 매각자에게 1억 원을 지불한다면 그 1억 원에 대한 정부 비용, 즉 정부 차입금 이자율과 국토보유세의 이자율을 일치시키면 정부로서는 손익이 없다. 등록지가가 1억 원 낮아지면 국토보유세액이 그 이자액만큼 많아지므로 이렇게 증가한 세수입으로 차입금 이자를 갚으면 되기 때문이다. 그 과정에 약간의 비용이 든다면 정부 차입금 이자율보다 약간 높은 수준으로 정하면 된다.

징수는 언제부터?

우리나라처럼 지대가 상승하는 추세의 사회에서 지가에 대한 이자는 같은 시점의 지대보다 대체로 크다. 그러므로 등록지가를 정하는 방식 중 <방식 2>를 채택한다면 국토보유세를 도입하는 초기에는 전국 토지의 이자총액이 지대총액보다 클 것으로 예상된다. <방식 1>이나 <방식 3>을 택한다고 해도 그럴 가능성이 전혀 없지는 않다.

이럴 경우에는 개별 적용과 일괄 적용의 두 방법 및 절충적인 방법을 생각할 수 있다. 개별 적용이란, 국토보유세 적용을 유예하다가 지대가 이자를 초과하는 토지부터 개별적으로 국토보유세를 징수하기 시작하는 방법이다. 일괄 적용이란, 전국의 지대총액이 이자총액을 상회할 때까지 기다려서 전국의 토지에 일괄적으로 국토보유세 징수를 시작하는 방법이다. 양자를 절충하는 제3의 방법으로는, 일정한 유예기간을 둔 후 일괄 적용하되 그 시점에도 지대보다 이자가 높은 토지에 대해서만 지대와 이자가 같아질 때가지 유예기간을 연장하는 방법도 있다. 일괄 적용의 편의성을 살리면서, 첫 단계부터 정부가 조세를 환급해야 하는 문제를 방지하려면 제3의 방법이 좋을 것으로 본다.

어느 방법을 쓰던지 등록지가는 빠른 시일 내에 확정해 두어야 한다. 시행 당시의 첫 토지소유자는 지가를 높여서 등록할수록 이익이 되므로, 등록지가가 미정인 상태에서는 투기 또는 위장매매가 생길 가능성이 있기 때문이다.

국토보유세 징수를 개시한 이후에, 특정 토지의 소유자에게 책임이 없는 사유로 (예를 들면 주거지역이 개발제한구역으로 지정되어) 지대가 이자 아래로 하락하면 어떻게 할 것인가? 물론 그 차액을 토지소유자에게 내주어야 한다. 국민이 토지를 국가로부터 빌려 쓴다는 개념으로 보더라도 지대가 하락하면 임대료가 내려가는 것이 당연하다. 이렇게 하면 국토보유세라는 간단한 장치 하나로 개발이익과 개발손실의 조화가 완벽하게 구현된다.

한편, 이론상으로는 토지불로소득을 환수에는 국토보유세 하나면 충분하고 양도소득세는 필요 없지만 세율이 100%에 미달하거나 실무가 불완전할 경우에는 매매차액이 생길 수 있다. 매매차액의 규모가 커져서 그대로 방치하기 어려운 정도가 된다면, 한편으로는 국토보유세의 집행에 문제가 있는지를 점검하는 동시에 양도소득세도 같이 적용할 필요가 있다. 이런 경우의 지가는 굳이 정부가 평가할 필요가 없이 당사자에게 실거래 가격을 신고하도록 하고 신고가격을 근거로 과세하면 된다. 거래가격 신고액이 낮을수록 매각자의 양도소득세액이 줄어들고, 높을수록 매입자가 나중에 매각할 때 낼 양도소득세가 줄어들기 때문에 정확한 실거래 가격이 신고될 것으로 기대할 수 있다.

국토보유세 전략의 모의실험

앞에서 지대조세제로 나아가는 두 전략을 제시하면서 이론적인 장단점을 비교하였고, 국토보유세를 활용하는 전략을 채택할 경우에 필요한 실무적인 준비 사항에 대해 생각해 보았다. 이 곳에서는 구체적인 이해도를 높이기 위해 모의실험을 실시하여 각 전략을 채택할 경우에 전개될 토지 상황을 예상해 보기로 한다. 그러나 모의실험은 특별한 관심을 가진 독자를 위한 것이므로 일반 독자는 아래 표와 차트가 나오는 부분을 생략하고 이 장의 마지막 "시사점"으로 건너뛰어도 좋을 것이다.

먼저 앞서 제시한 두 전략에 관한 모의실험을 실시한다. 그 다음, 국토보유세를 좀더 강화하는 전략을 쓸 경우 토지 상황이 어떤 추이를 보일 것인가에 대해서도 모의실험을 실시해 본다. 아울러 지대세 전략의 하나인 폴드배리 구상에 따른 추이도 검토해 본다.

모의실험에서 사용한 값은 등록지가 20, 초기의 연간 지대 1, 이자율

연5%, 할인율 연 5%로 하였다.

우선, 국토보유세를 도입하면 토지 상황이 어떻게 변화해 갈 것인가를 짐작해 보기 위해 실시한 모의실험의 결과를 요약하면 다음 표와 같다.

[표 9] 국토보유세를 도입할 경우의 추이 예시

시점	지대	공제액*	세액*	지대환수율(%)	지가
0	1.000	1	0.000	0.0	20
5	1.276	1	0.276	21.6	20
10	1.629	1	0.629	38.6	20
15	2.079	1	1.079	51.9	20
20	2.653	1	1.653	62.3	20
25	3.386	1	2.386	70.5	20
30	4.322	1	3.322	76.9	20
35	5.516	1	4.516	81.9	20
40	7.040	1	6.040	85.8	20
45	8.985	1	7.985	88.9	20
50	11.467	1	10.467	91.3	20

* 공제액 = 등록지가×이자율, 세액 = 지대 - 공제액

위 표를 보면, 국토보유세 징수를 시작한 후 30년이 지나면 지대의 4분의 3 수준인 76.9%가 환수된다. 그러나 지대상승률이 연 5%보다 높으면 지대환수율 증가 속도는 더 빨라질 것이고 5%에 미달하면 더 늦어질 것이다. 예를 들어 지대환수율이 지대의 4분의 3 수준에 도달하는 데 걸리는 시간을 보면 지대상승률이 연 7%일 경우 20년(74.2%), 연 3%일 경우 50년 (77.2%) 정도가 된다. 지가는 등록지가와 같은 20으로 일정하게 유지된다.

지대세 전략의 모의실험

지대세를 점진적으로 인상하면 토지 상황은 어떻게 변화해 갈 것인지 짐작해 보자. 지대세율은 50년에 걸쳐 매년 균등하게 인상하는 것으로 한다. 즉 매년 50분의 1씩, 즉 2%씩 인상해 갈 경우의 추이가 아래 표에 요약되어 있다.

[표 10] 지대세를 점진적으로 인상할 경우의 추이 예시

(인상 기간 = 50년)

시점	지대	세율(%)	세액	지대환수율(%)	지가
0	1.000	0	0.000	0	24.5
5	1.276	10	0.128	10	25.3
10	1.629	20	0.326	20	25.4
15	2.079	30	0.624	30	24.7
20	2.653	40	1.061	40	23.1
25	3.386	50	1.693	50	20.3
30	4.322	60	2.593	60	16.4
35	5.516	70	3.861	70	11.6
40	7.040	80	5.632	80	6.3
45	8.985	90	8.087	90	1.8
50	11.467	100	11.467	100	0.0

위 표를 보면 지대환수율은 세율과 같은데, 40년이 지나면 지대의 대부분인 80%에 이름을 알 수 있다.

지가는 초기의 24.5에서 일시적으로 약간 상승하다가 곧 감소가 시작되어 마침내 0에 이르게 된다. 한편, 인상 기간을 줄이면 지대환수율이 증가하는 속도가 빨라지며, 초기의 지가는 더 낮게 형성되고 지가의 하락 속도도 빨라진다.

두 전략의 모의실험 결과를 그래프로 나타내면 다음 두 그림과 같다.

〈차트 1〉 지대환수율의 추이

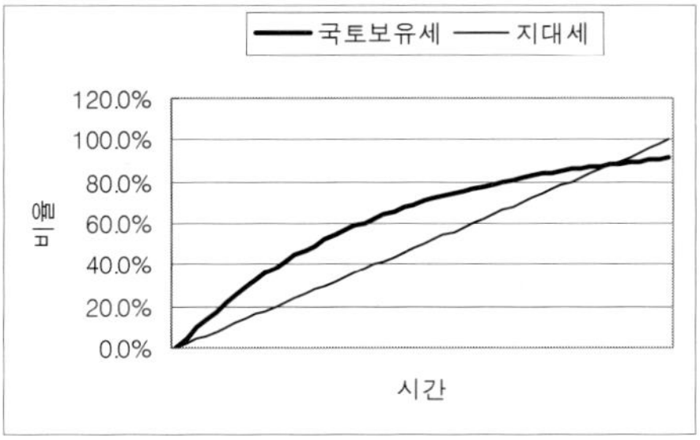

〈차트 2〉 지가의 추이

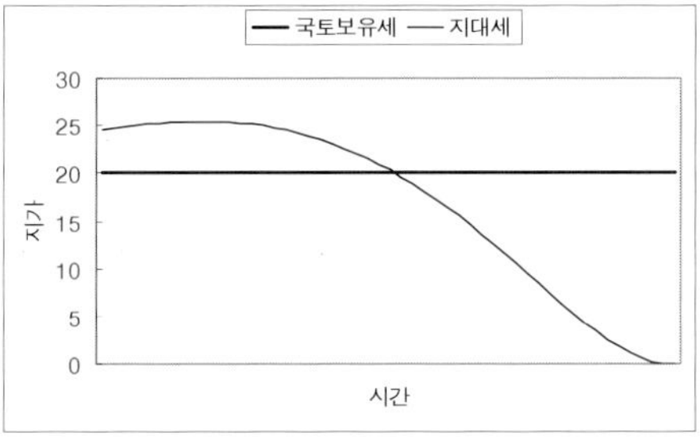

국토보유세 가속화 전략의 모의실험

국토보유세 전략을 기본으로 하더라도 지대조세제에 근접하는 속도를 높이고 싶을 수도 있을 것이다. 여기에는 두 가지 방식이 있을 수 있는데 하나는 이자 공제를 한시적으로만 인정하다가 일정 기간이 지나면 공제 없이 지대 전체를 환수하는 방식이고, 또 하나는 공제액을 조금씩 줄여 나가는 방식이다. 두 방식에 관해 모의실험을 통해 토지 상황의 추이를 보기로 한다.

1) 공제를 한시적으로만 인정하는 방법

국토보유세를 도입하되 매입지가에 대한 이자의 공제를 50년만 인정한다고 할 때 전개될 토지상황의 추이를 보자. 다른 가정은 국토보유세의 경우와 동일하다고 하면 아래 표와 같은 결과가 나온다.

[표 11] 공제를 한시적으로 인정할 경우의 추이 예시

시점	지대	공제액*	세액*	지대환수율(%)	지가
0	1.000	1	0.000	0.0	18.3
5	1.276	1	0.276	21.6	17.8
10	1.629	1	0.629	38.6	17.2
15	2.079	1	1.079	51.9	16.4
20	2.653	1	1.653	62.3	15.4
25	3.386	1	2.386	70.5	14.1
30	4.322	1	3.322	76.9	12.5
35	5.516	1	4.516	81.9	10.4
40	7.040	1	6.040	85.8	7.7
45	8.985	1	7.985	88.9	4.3
50	11.467	1	10.467	91.3	0

* 공제액 = 등록지가×이자율, 세액 = 지대 - 공제액

위 표를 보면 지대환수율의 변화는 국토보유세의 경우와 같아서, 30년이 지나면 지대의 대부분인 76.9%가 환수된다. 그러나 지가는 20으로 일정하게 유지되지 않고 점차 하락하여 마침내 지대조세제의 경우처럼 0이 된다.

2) 공제액을 점진적으로 축소하는 방법

공제액을 50년에 걸쳐 같은 비율로 줄여 나가는 경우에 전개될 토지 상황의 추이를 보자. 공제 이자액을 매년 50분의 1씩 줄이는 경우의 모의실험 결과가 아래 표에 정리되어 있다.

[표 12] 공제액을 점진적으로 축소할 경우의 추이 예시

시점	지대	공제액*	세액*	지대환수율(%)	지가
0	1.000	1	0.000	0.0	12.3
5	1.276	0.9	0.376	29.5	10.5
10	1.629	0.8	0.829	50.9	8.8
15	2.079	0.7	1.379	66.3	7.1
20	2.653	0.6	2.053	77.4	5.5
25	3.386	0.5	2.886	85.2	4.1
30	4.322	0.4	3.922	90.7	2.8
35	5.516	0.3	5.216	94.6	1.6
40	7.040	0.2	6.840	97.2	0.8
45	8.985	0.1	8.885	98.9	0.2
50	11.467	0.0	11.467	100.0	0

* 공제액 = 등록지가×이자율, 세액 = 지대 − 공제액

위 표를 보면 지대환수율은 단순한 국토보유세의 경우보다 빨리 높아져서, 20여 년이 지나면 지대의 80%가 환수된다. 지가는 첫 해부터 갑자기 낮아지고 그 후 점진적으로 하락하여 마침내 지대조세제의 경우처럼 0이 된다.

단순한 국토보유세 도입의 경우와 가속화 전략을 도입할 경우의 추이의 비교를 쉽게 하기 위해 그래프로 나타낸 그림이 아래에 있다.

〈차트 3〉 국토보유세 가속형의 지대환수율 추이

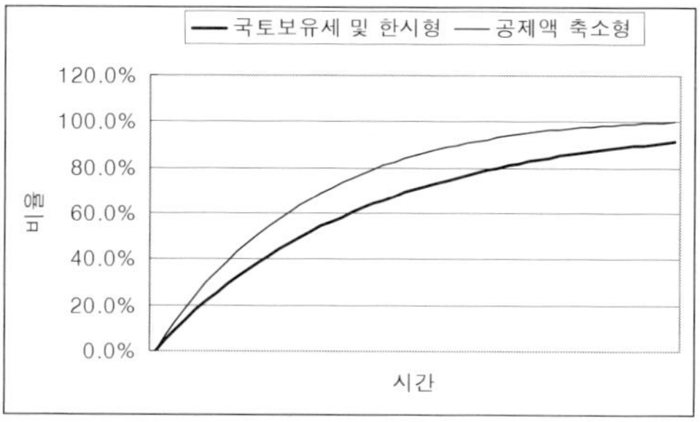

〈차트 4〉 국토보유세 가속형의 지가 추이

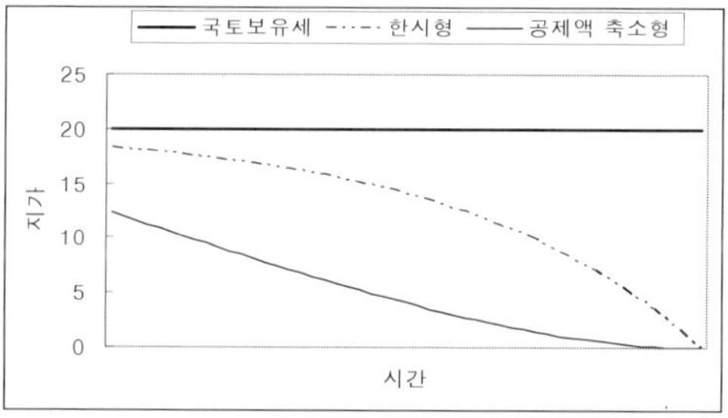

폴드배리 전략의 모의실험

한편 폴드배리는 미국 상황에서 지대조세제를 점진적으로 도입하는 방안을 제시한 바 있다. 지대세의 점진적 도입을 예고한 후 10년간 유예기간을 두고 11년째부터 10년 동안 매년 5%씩 세율을 인상하여 20년 되는 해부터 75%의 세율을 유지하자는 제안이다. 지은이가 검토한 바 있는 '예고 후 실시'와 '점진적 실시'를 혼합한 형태라고 하겠다.

폴드배리의 구상에 의해 전개될 상황을 예상하면 다음과 같다. 앞에서와 같이 지대상승률과 이자율을 모두 연간 5%로 가정한 모의실험 결과가 아래 표에 정리되어 있다.

[표 13] 폴드배리의 구상에 의한 추이 예시

(인상기간=20년, 지대상승률=5%/년, 이자율=5%/년)

시점	지대	세율(%)*	세액	지가**
0	1.000	25	0.250	-
5	1.276	25	0.319	-
10	1.629	25	0.407	-
11	1.710	30	0.513	-
12	1.796	35	0.629	-
13	1.886	40	0.754	-
14	1.980	45	0.891	-
15	2.079	50	1.039	-
16	2.183	55	1.201	-
17	2.292	60	1.375	-
18	2.407	65	1.564	-
19	2.527	70	1.769	-
20	2.653	75	1.990	-
이후	증가	75로 고정	증가	-

* 세율 = 지대환수율

** 지대상승률과 이자율이 같으므로 지가는 무한대

지대상승률과 이자율이 동일하면 이론상으로 지가가 무한대가 되므로 표에서는 지가를 표시하지 않았다. 그러나 현실적으로는 지가가 무한대가 되지는 않으므로 20년 후에는 현재 지가 수준의 3분의 1정도로 내려갈 것으로 예상된다. 현재 미국에서 지대의 25%를 환수한다고 하였으므로 지대의 4분의 3이 토지소유자의 수중에 남지만 20년 후부터 지대의 75%를 환수하면 토지이익이 지대의 4분의 1로 줄어든다. 즉 현재에 비해 토지이익이 3분의 1로 줄어들기 때문에 지가도 3분의 1 수준이 된다는 것이다.

시사점

지금까지, 완전한 지대조세제를 향해 서서히 나아가는 전략 중에서 국토보유세를 활용하는 전략을 중심으로 검토하면서 다른 전략과 비교해 보았다. 그 결과 지대조세제로 나아가는 현실적 전략에 관해 상당한 시사점을 얻을 수 있다. 이를 지대조세제에 반대하는 쪽에 주는 시사점과, 지대조세제에 찬성하는 가운데 지대세율을 점진적으로 인상해가는 전략 즉 지대세 전략을 선호하는 쪽에 주는 시사점으로 나누어 생각해 보자.

지대조세제에 반대하는 쪽에서는 지대조세제가 궁극적으로 지가를 0으로 만들기 때문에 사유재산 침해인 동시에 사회에 지나친 충격을 줄 수 있다는 이유를 댄다. 그러나 앞에서 살펴본 것처럼 국토보유세는 토지소유자의 기득권이나 재산 가치를 훼손하지 않으며, 사회에 충격을 주지도 않는다. 따라서 국토보유세는 이러한 반대자를 설득할 수 있는 좋은 대안이 된다.

국토보유세 전략을 취할 경우 완전한 지대조세제에 얼마나 빨리 접근해 갈지는 결국 미래의 지대상승률에 달려 있으므로 시간이 의외로 오래 걸릴 수도 있다. 그래서 지대조세제에 찬성하면서 국토보유세 전략보다는 지대세 전략을 선호하는 경우도 있다. 지대세 전략은 지대환수율의 증가 속도, 즉 조세 대체 속도를 정책적으로 조절할 수 있기 때문이다.

하지만 지대세 전략은 세율이 상당히 높아지기 전까지는 부동산 투기를 막기 어렵다는 약점이 있다. 지대세를 인상하는 기간 동안 투기가 발생한다면 토지보유세 이외에 투기를 막는 다른 과격한 수단을 병행할 가능성이 많은데 이런 수단은 부작용을 낳기 마련이다.

물론 세율을 빠르게 인상한다면 이런 약점은 단기간에 해소될 수 있다. 하지만 그러한 인상 속도가 사회에 무리한 충격을 가하지는 않을지 면밀한 사전 검토가 필요하다. 또 지대세 전략은 궁극적으로 지가를 0으로 하락시키기 때문에 저항의 구실을 줄 수 있다는 점도 염려된다. '보상 없이 지가를 대폭 낮추는 조치는 사유재산 침해'라고 주장하고 나올 반대자와 공방을 벌이다 보면 지대세의 도입을 결정하는 데 시간이 오래 걸릴 수 있다. 어쩌면 반대에 밀려서 아예 시작도 못 할 가능성도 있고, 시작을 한다고 하더라도 사회적 합의 과정을 거치다 보면 지대환수율 상승 속도가 매우 느려질 가능성도 있다.

폴드배리와 같은 열성적인 지공주의자도 지대의 25% 정도를 환수하고 있는 미국에서 75%까지 높이는 데 20년이라는 기간을 잡는다. 이런 점을 고려하면, 지대환수율이 미국의 10분의 1 정도인 우리나라에서 지대세 전략을 통해 지대환수율 75% 수준에 도달하는 데는 시간이 더욱 오래 걸릴 것으로 전망된다.

한편 국토보유세 전략을 취할 때 지대환수율이 75% 정도에 도달하는 기간을 모의실험으로 예측해 보았더니, 지대상승률이 연간 5%일 경우에는 약 30년, 연간 3%일 경우에는 약 50년 정도인 것으로 나타났다. 연간 5% 내지 3%라는 지대상승률은 우리 현실에서 볼 때 그리 무리한 가정이 아닌데, 30년 내지 50년 정도 걸려서 거의 완전한 지대조세제에 접근할 수 있다면 별로 나쁘지 않다고 생각한다.

혹 국토보유세를 도입한 후 지대상승률이 의외로 낮아 지대환수율 상승 속도가 너무 느릴 경우에는 등록지가의 이자를 비용으로 공제하는 기간을 한정하거나 공제액을 조금씩 줄여나가는 국토보유세 전략 가속화 방안도 추후에 고려할 수 있을 것이다.

이런 여러 사정을 감안할 때, 우리나라처럼 부동산 투기가 빈번하게 발생하는 사회에서는 이를 당장 근절하는 국토보유세 전략이 지대세 전략보다 나을 것으로 판단된다.

Ⅶ. 우리나라 부동산 정책 평가

세 가지 문제

1990년대 내내 잠잠하던 부동산 문제가 새 천년에 들어서면서 다시 불거지자 참여정부가 부동산 대책을 연달아 내놓고 있다. 강력한 대책만 꼽아도 2003년 10. 29대책, 2005년 5. 4대책, 2005년 8. 31대책, 2006년 3. 30대책 등 네 차례나 나왔다. 대책이 많다는 것은 어느 것도 정답에 못 미친다는 것을 의미한다. 참여정부의 부동산 정책은 그 진지함이나 내용 면에서 이전의 다른 정부의 정책보다 긍정적이다. 그러나 아직도 정답에 못 미친다. 참여정부 부동산 대책이 정답이 아닌 이유를 세 가지만 들어 보자.

첫째로, 정책 목표를 '가격 안정'으로 잘못 설정하고 있다는 점이다. 부동산 가격이 급등하면 정치문제로까지 비화하기 때문에 가격을 잡아야 한다고 생각하기 쉽다. 그러나 가격 변화 그 자체를 문제시하는 것은 잘못이다.

부동산 가격은 실수요에 의해 정상적으로 형성되는 부분과 가수요에 의해 투기적으로 형성되는 부분으로 구성된다. 이 중에서 문제 삼아야 할 것은 투기적인 부분이다. 가격 전체를 문제 삼으면 옥석구분(玉石俱焚) 없이, 즉 구슬(정상가격)과 돌멩이(투기가격)를 구별하지 않고 같이 태워 버리는 결과를 초래한다. 불로소득을 척결하면 부동산 시장에는 가수요가 사라지므로 투기적 가격은 저절로 소멸한다. 그러므로 부동산 정책의 목표는 '불로소득 환수'에 두어야 한다.

물론 가격 그 자체를 정책 대상으로 삼아야 하는 경우도 있다. 예를 들어 서민주택 가격이 서민이 감당하기 어려운 수준으로 형성된다면 이를 해결하기 위해 원가 절감이나 공급 확대 등을 고려해야 한다. 또 복지 차원에서 저소득층 주택을 정상가격 이하로 공급하는 것도 고려할 수 있다. 그러나 정부가 특별히 배려할 이유가 없는 중상층을 위한 주택이라면 정책 목표를 불로소득 환수에 두어야 한다.

둘째로, 불로소득에 정조준하지 않는다는 점이다. 불로소득이란 생산적 노력과 무관하게 단순히 소유한다는 이유만으로 매입가격의 원금과 이자 이상으로 얻는 이익을 말한다. 그러나 현행 부동산 세액은 이와 같은 불로소득의 정의와 무관하다. 보유세액이 가격 대비 몇 %, 양도소득세액이 양도차익 대비 몇 %라고 할 때, 왜 '그 몇 %'이어야 하는지 명확한 근거가 없다. 물론 부동산에 세금을 징수하다 보면 세액에 불로소득이 상당히 포함되기는 하겠지만, 막연한 지향 사격을 할 것이 아니라 불로소득에 정조준해서 완전히 환수해야 한다.

셋째로, 토지와 건물을 통합해서 과세하는 오류를 범했다는 점이다.

종래에는 부동산을 토지와 건물로 분리하여 각기 종합토지세와 재산세로 과세하던 것을 10. 29 대책을 통해 부동산 전체에 대해 통합 과세하는 쪽으로 바꾸었다.

건물은 시간이 지남에 따라 낡고 가치가 하락하므로 건물에서 불로소득이 발생하는 경우는 극히 예외적이다. 그럼에도 불구하고 부동산 투기가 아파트로부터 시작되는 경우가 많고 아파트 가격은 건물의 평수를 기준으로 형성되기 때문에 마치 건물에서 불로소득이 생기는 것으로 착각하기 쉽다. 정부가 혹 이런 착각에 빠졌다면 한시바삐 깨어나야 한다.

착각을 한 것은 아닌데도 통합 과세를 했다면 아마도 현재의 공시지가, 특히 아파트 부지의 공시지가가 시장가격을 제대로 반영하지 못하고 있기 때문일 것이다. 그렇다면 공시지가를 제대로 평가하는 것이 올바른 해법이다. 통합 과세를 하면 단기적으로는 불로소득을 환수하는 데 효과가 있겠지만, 장기적으로는 정상적인 토지 개발과 건물 공급을 제약하는 뼈아픈 대가를 치르게 된다.

위의 세 가지 이유를 종합하면 부동산 정책의 목표는 '토지불로소득의 완전 환수'에 두어야 한다는 결론이 나온다.

토지불로소득 환수는 보유세로

일각에서는 토지불로소득을 환수하는 것이 시장원리에 어긋난다는 반론을 펴기도 한다. 정부의 개입이 적을수록 예외 없이 시장에 더 도움이 된다고 믿고 있는 것 같다. 그러나 이것도 착각이다. 토지불로소득을 환수해야만 시장이 더 충실해진다. 왜 그럴까?

너무 쉬운 이야기지만, 생산할 수 있는 물자의 경우에는 사익 추구가 사회에 도움이 되는 수가 많다. 어느 상품에 대한 수요가 많아져 가격이 오르면, 사익을 추구하는 자가 생산을 늘림으로써 수요가 충족되고 가격도 안정된다. 그러나 총량이 고정되어 있는 토지는 그렇지 않다. 땅값이 오를 것이라는 전망이 있으면 불로소득을 노리는 가수요가 많아지는 반면 매각하려는 사람은 줄어든다. 그 결과 수요와 공급의 괴리가 커지고 가격이 더 올라가는 악순환에 빠진다. 땅 없는 사람의 인생살이가 고달파지고 생산 부문으로 가야 할 자금이 땅으로 쏠린다. 심하면 1990년대의 일본처럼 장기 불황에 빠져들 위험성도 있다.

그러나 가수요를 없애면 토지시장에서도 사익 추구가 공익으로 연결될 수 있다. 가수요란 불로소득 때문에 생기는 수요이므로 불로소득을 환수하면 가수요는 사라진다. 또 불로소득을 그대로 두면 가수요자를 가려내려고 거래 허가라든지 전매 금지와 같은 방식을 쓰게 되므로 시장 작용이 제한된다. 따라서 토지 불로소득이 생기지 않도록 하는 개입은 독과점 규제처럼 시장친화적인 개입이다.

부동산 정책의 목표를 토지불로소득의 환수에 둔다면 어떤 수단으로 환수하는 것이 좋을까? 정답은, 보유세로 환수하는 것이 바람직하다는 것이다. 참여정부의 부동산 대책은 앞에서 지적한 문제를 안고는 있지만, 보유세의 장점을 인식하고 적극 도입했다는 점에서 기존의 다른 정부에 비해서는 긍정적이다.

보유세라고 해서 다 같은 것은 아니다. 가장 바람직한 방법은, 지대(토지 임대가치)를 과세표준으로 하여 모든 토지에 균일한 세율을 적용하는 것이다. 이런 보유세의 세율은 100%를 넘지 않는 한 아무리 높아도 좋다. 더구나 토지보유세를 제외한 대부분의 세금은 경제의 효율성을 해친다. 따라서 지대를 과표로 하는 균일한 세율의 토지보유세를 최대로 늘리고 그 수입만큼 다른 해로운 세금을 줄이는 것이 좋다는 결론이 쉽게 도출된다. 이렇게 하면 부동산 문제도 해결하고 세금이 경제에 미치는 악영향도 줄여주므로 일석이조의 효과가 난다.

다만, 보유세율을 단기간에 급속하게 올리면 매매가격이 곤두박질쳐서 사회에 충격을 줄 수 있기 때문에 그 속도를 조절할 필요가 있다. 그러나 속도에 신경 쓸 필요 없이 토지불로소득을 단기간에 그리고 안전하게 근절하는 수단도 있다. 지대 중에서 매입지가에 대한 이자를 공제하고 그 잔액만 징수하면 된다. 이것을 '국토보유세'라고 부르는데, 국토보유세를 도입하면 토지의 매매가격이 일정하게 유지되는 효과가 발생하므로, 기존 토지소유자에게도 손해가 없고 사회에 충격을 주지도 않는다. 자세한 것은 제6장(지대조세제로 가는 전략)을 참고하기 바란다.

불로소득의 환수라는 측면만 생각하면 양도소득세도 효과적인 수단이다. 그러나 양도소득세에는 부작용이 있으며 이 점에 대해서 제3장(우리의 토지 현실)에서도 설명했으므로 여기서는 생략한다. 양도소득세가 흘러넘치는 물을 퍼내는 수단이라면 보유세는 물의 원천을 막아버리는 수단이다. 또 보유세는 거래를 제한하지 않을 뿐 아니라 실수요자가 아닌 토지소유자를 압박하여 토지 매각을 촉진하는 적극적인 기능까지 가지고 있다.

불로소득 환수를 위해 개발부담금과 기반시설부담금도 활용된다. 개발부담금은 개발사업으로 부동산 가격이 상승했을 때 그 상승분의 일부를 환수하는 수단이다. 불로소득 환수라는 측면만 생각하면 효과적인 수단이지만 이 역시 양도소득세처럼 지가차액을 환수대상으로 한다는 점에서 보유세보다 못하다.

기반시설부담금은 기반시설 비용을 그 주된 수익자에게 부담시키는 수단이다. 그러나 일반적으로 기반시설이란 불특정 다수를 위한 시설을 의미한다. 그러므로 그 비용은 정부가 부담하되, 그로 인한 토지가치 변화는 시설의 수혜자를 가리지 않고 보유세로 완전히 환수하는 것이 바람직하다. 수익자의 범위가 한정된 공동시설이라면 그 비용은 당연히 그 한정된 수익자가 부담해야 하며, 그 명칭도 기반시설이 아니라 공동시설이 되어야 한다.

여러 가지 부동산 대책 검토

지금까지 우리나라 부동산 문제의 해법으로, 불로소득 환수 외에 각계에서 거론되었던 대책 중 중요한 것 몇 가지를 검토해 보자.

아파트 분양가를 낮추어야 한다는 주장부터 생각해 보자. 여기에는 건설사가 분양가를 부당하게 높여 폭리를 취해 소비자가 손해를 본다는 생각이 깔려 있다. 예를 들어 분양가의 원가연동제가 그런 생각에서 나오는 대책이다. 그러나 분양가를 원가에 연계하여 시세보다 낮게 책정한다면 결국 불로소득은 최초로 분양받은 자에게 돌아갈 뿐이다. 최초 분양자라고 해서 불로소득을 취할 권리가 있는 것이 아니며 또 불로소득이 있는 한 투기는 막을 수 없다. 그러므로 복지정책적 고려가 필요한 경우가 아니라면 분양가는 시세대로 하되 건설사의 폭리를 막는 방법을 강구해야 한다.

분양원가를 공개해야 한다는 주장도 있다. 원가 공개가 합리적인 부동산 투자를 유도하는 데 다소간 도움이 될 수는 있을 것이다. 그러나 원가를 알더라도 분양가 이상으로 되팔아 불로소득을 챙길 수 있는 상황이라면 투기는 사라지지 않는다.

물론, 투기 문제를 떠나서 소비자는 상품에 관한 정보를 얻을 권리가 있다. 그러나 그렇다고 해서 민간 공급자가 상품 원가를 공개할 의무를 갖는 것은 아니다. 또 공개 의무를 과한다고 하더라도 공급자가 공개한 원가의 진실성을 확인하려면 외부의 감시 장치가 필요한데, 원가는 영업상의 노하우와 직결되기 때문에 민간기업에 대한 지나친 간섭이 되기 쉽다. 그러므로 정부나 공사가 사업주체일 때에는 원가를 스스로 공개하도록 하고, 민간 공급자의 경우에는 공신력 있는 제3의 기관이 (예를 들면 소비자보호원, 한국감정원, 토지공사, 주택공사 등이) 건설원가를 평가하여 공시하는 '원가평가공시제'를 실시하는 것이 좋겠다. 사실 건설원가의 평가는 그리 어려운 작업이 아니다. 단지 공신력이 문제가 될 뿐이다.

아파트를 후분양해야 한다는 말도 있다. 일반 상품은 완제품을 보고 매매가 이루어지므로 아파트도 그렇게 되는 것이 자연스럽다. 또 후분양을 하면 입주도 하지 않고 분양권을 전매하는 투기행위를 예방할 수 있다. 그러나 투기는 불로소득을 먹고 살기 때문에 불로소득이 있는 한 분양 시기를 조절한다고 해서 투기가 없어지지는 않는다.

아파트 분양권 전매를 일정 기간 금지하자는 주장도 있다. 단기 전매 차익을 노리는 투기를 차단하자는 것이다. 그러나 불법 품목이 아닌 한 재산의 처분은 자유롭게 해주는 것이 원칙이다. 또 장기보유를 하면 불로소득을 사유화해도 좋다는 논리는 성립되지 않는다. 뿐만 아니라 전매를 금지한다고 해도 전문 투기꾼들이 피해 나갈 편법은 얼마든지 있다.

택지를 공영개발하고 모두 공공임대주택으로 지어 공급해야 한다는 주장도 많이 나온다. 공공임대주택의 임대료를 제대로 책정한다면 불로소득의 여지가 없어지므로 그 지역에서는 부동산 투기가 사라질 것이다. 그러나 부동산 불로소득은 건물이 아니라 토지에서 생기므로, 건물까지 임대할 이유가 없다. 토지만 임대하면 된다.

공공임대주택은 나름대로 부작용도 있다. 건설업체는 주택을 지어 발주처인 정부 또는 공사에 납품하므로 주택 수요자보다는 공사 발주처에 신경을 쓴다. 입주자도 자기 집이 아니므로 알뜰하게 사용하지 않게 된다. 정부나 공사의 권한이 커지면 비능률과 부정부패의 가능성도 커진다. 그러므로 토지는 공영개발 방식으로 조성하여 임대하되 건물은 건설업체가 지어 분양하든지 임대하든지 알아서 하도록 하는 것이 좋다.

금융 쪽의 대책으로는 금리 인상론이 있다. 자산가치는 미래의 기대수익에 비례하고 현재의 이자율에 반비례한다. 따라서 이자율을 올리면 부동산 매매가격이 하락하거나 상승세가 줄어든다. 그러나 이자율은 경제 전체를 보고 판단할 문제이다. 부동산 가격을 잡으려고 무리하게 이자율을 올린다면 경제에 주름이 지게 된다.

또 부동산을 담보로 하는 금융대출의 상한 비율을 낮추자는 의견도 있다. 단순히 대출을 억제하자는 의도라면 금리 인상론처럼 부적절하지만, 투기 목적으로 부동산을 무리하게 추가 매입하고는 새로 매입한 부동산을 담보로 대출을 받아 해결하려는 의도를 꺾자는 취지라면 일리가 있다. 그러나 투기 이외의 목적으로 대출받으려는 사람에게까지 피해를 주는 부작용을 감수해야 한다.

공급 확대는 실수요를 근거로 신중하게

한편, 부동산 문제를 해결하기 위해서는 주택 공급을 확대해야 한다고 주장하는 사람도 있다. 시장에 나타나는 수요는 실수요이든 가수요이든 다 수요라고 보고 이를 충족시켜야 한다는 것이다. 물론 집을 많이 지으면 결국에는 집값이 내려갈 것이다. 또 투기와 무관하게 양질의 주택은 꾸준히 공급해야 한다. 그러나 실수요에 대한 정밀한 진단 없이 목전의 불을 끄려고 서둘다 보면 과잉공급을 초래할 수 있고 몇 년 후에는 건설업과 경제의 장기 불황이라는 쓰라린 결과를 낳을 수 있다.

가수요가 없다고 해도 공급 확대는 신중하게 결정해야 한다. 존재량이 일정한 토지의 공급을 확대하려면 다른 토지의 용도를 전환할 수밖에 없기 때문이다. 예를 들어 송파 신도시처럼 아파트를 더 지으려면 녹지를 없애야 한다. 어느 쪽이 나라를 위하는 길인지는, 단순한 경제논리를 넘어 더 넓게 더 멀리 보면서 판단해야 한다.

판교 개발로 일어났던 투기바람은 공급 확대론이 초래한 재앙이었다. 뜨겁게 달아오른 불판에 물 몇 방울 뿌린다고 불판이 식을 리 없다. 오히려 무럭무럭 나는 김을 보고 무관심하던 사람까지 투기에 가세하게 된다.

강남 재건축 규제를 완화해야 한다는 주장도 공급 확대론의 하나이다. 불로소득이 없는 정상적인 시장에서도 나타날 재건축이라면 모르겠으나, 불로소득을 바라고 추진하는 재건축이라면 규제를 완화해서는 절대 안 된다. 부작용이 더 클 것이기 때문이다.

물론 공급도 주택 문제 해결의 한 수단이 된다. 서민주택 가격이 서민이 감당하기 어려운 정도의 수준으로 형성될 경우에는 가격에도 신경을 써야 하며, 가격을 낮추기 위해 원가 절감이나 공급 확대 등을 고려해야 한다. 그러나 정부는 강남 집값을 잡는다면 이유로 중상층이나 감당할 수 있는 '강남 대체형 주택'을 공급하고 있다.

토지통계의 공개와 토지 백지신탁제

지금까지 부동산 문제의 정답이 무엇인지를 찾아본 결과, 정답은 기발하지도 않고 숨겨져 있는 것도 아니며, 교과서에까지 다 나와 있는 평범한 내용이다. 그러나 현실에서는 이해관계와 편견이 정답으로 가는 길을 가로막고 있다. 이런 장애를 헤치고 정답을 이 땅에 실천하기 위해 필요한 예비조치 두 가지를 제시한다.

첫째로, 토지소유와 토지불로소득이 일부 국민에게 심하게 편중되어 있다는 사실을 국민에게 알려야 한다. 국토를 누가 얼마나 소유하고 있으며, 또 토지불로소득은 누구에게 얼마만큼 귀속되는지를 숫자로 보여주는 통계를 매년 국민에게 공개하여야 한다. 다만, 사생활을 침해해서는 안 되므로 개인별 정보가 아니라 백분위 통계를 내어 공개하면 된다. 면적과 가격(매매가격 및 임대가격)을 기준으로 하여 각기 백분위 통계를 내고 또 토지불로소득 발생액을 기준으로 하여 백분위 통계를 내면 된다.

둘째로, 고위공직자에 대해서는 토지 백지신탁제를 도입해야 한다. 고위공직자 재산공개 사례를 통해, 이들이 부동산을 재산 증식 수단으로 많이 활용하고 있음이 실증되었다. 정책을 결정하는 공무원이 토지불로소득에서 자유롭지 않다면 올바른 정책이 나오기 어렵다. 사익에 지장을 주는 정책을 기피하고 싶은 의식적 또는 무의식적인 성향이 생기기 때문이다. 정책 당국에서 흔히 내세우는 '국민의 조세 저항'도 자신의 심리를 투사한 핑계일 가능성이 크다.

구체적으로는, 공무원이 재산등록을 할 때 소유 토지가 실수요임을 해명하도록 하고, 해명을 하지 않거나 해명의 설득력이 없는 토지는 백지신탁을 하도록 하고 퇴직시에 취득 당시 지가의 원리금만 지불한다. 신탁기관이 당해 토지를 퇴직 시점까지 매각하지 않았을 경우에는 본인의 희망에 따라 돌려주되 퇴직 시점의 가격과 신탁기간의 운용수익의 합이 취득 당시 지가의 원리금을 초과하면 그 초과액을 환수한다.

이렇게 한다고 해서 공직자의 토지불로소득이 완전 환수되는 것은 아니다. 신탁 전에 토지를 매각하면 그 이전의 불로소득이 소유자의 수중에 들어가며 또 신탁하지 않은 실수요 토지에서 생기는 불로소득은 막을 수 없기 때문이다. 그러나 이 정도만 해도 공직 풍토에 상당한 영향을 주어 제대로 된 부동산 정책을 추진하는 데 크게 기여할 것이다. 토지 백지신탁은 실은 주식 백지신탁보다 더 절실한 제도인데도 주목을 덜 받고 있는 현실이 안타깝다.

우선 토지임대 – 건물분양 방식부터

한편, 지대세나 국토보유세의 도입을 준비하는 데 시간이 걸린다면 우선 정부가 신규로 공급하는 토지에서만이라도 불로소득을 차단해야 한다. 가장 좋은 방법은 공영개발한 토지를 임대하는 것이다. 아파트 단지나 공단인 경우에는 토지임대-건물분양의 방법을 쓰면 된다.

토지만이 아니라 건물까지 공영개발하여 임대하자는 주장도 있다. 주로 진보 쪽에서 나오는 주장이다. 그러나 부동산 불로소득은 건물이 아니라 토지에서 생기므로, 건물까지 임대로 하는 것은 지나친 방법이다. 과유불급이라고, 건물까지 공영개발하는 지나친 대응은 부작용을 낳는다.

주택을 예로 들어 보면, 건설업체는 주택을 지어 발주처에 납품하므로 주택 수요자보다는 공사 발주처인 정부나 공사 측에 신경을 쓴다. 정부나 공사의 권한이 커지면 비능률과 부정부패의 가능성이 커진다.

입주자도 자기 집이 아니므로 알뜰하게 사용하지 않게 된다. 이로 인한 입주자의 오용을 막으려면 관리당국은 감시 업무를 추가로 떠맡아야 한다. 그러므로 토지는 공영개발하여 임대하되 주택은 분양하는 것이 좋다. 다만, 시장에서 주택을 구할 수 없는 저소득층을 위한 공공임대주택이라면, 복지 차원에서 별도의 고려가 필요할 것이다.

혹자는 토지임대 방식에 대해 공공부문의 초기비용 부담이 과도하다고 우려하기도 한다. 그러나 부동산 임대업은 매우 안정적인 수입이 보장되는 사업이므로 국민연금 기금과 같은 공익성 장기 자금을 투자할 만한 호재이다. 또 보증금과 월세를 혼합하는 방식으로 임대료를 책정하면 초기비용을 상당 부분 회수할 수 있다.

한편, 토지임대 방식을 쓰면 불로소득 기회가 차단되기 때문에 실수요자라고 해도 바로 주택을 매입하지 않고 관망할 것이라는 우려도 있다. 하지만 앞으로 정부나 공사가 조성하는 토지는 모두 이런 방식으로 공급한다는 방침을 확고히 하면 이 문제는 어느 정도 해결할 수 있다. 대규모 토지개발은 대부분 공공부문이 담당할 수밖에 없으므로 원칙만 흔들리지 않는다면 실수요자가 망설이는 일은 훨씬 줄어들 것이다.

신도시에 적용하자

같은 맥락에서, 행정중심 복합도시(행복도시), 기업도시, 혁신도시 등 신도시에는 토지임대 방식을 적용해야 한다. 노무현 대통령의 행정수도 건설 공약이 나온 이후 충청권의 지가가 급등하여 한편으로는 토지투기와 토지불로소득으로 인한 사회문제가 발생했고 또 한편으로는 행정수도 건설에 필요한 토지를 매입 또는 수용하는 데 엄청난 비용이 추가되었다. 이런 문제 때문에, '전원도시'라는 이름의 신도시를 건설하여 세계적으로 큰 영향을 끼쳐 온 하워드(Ebenezer Howard)도 전원도시에 토지임대방식을 도입하여 건설비와 시 재정을 충당하자고 하였다. 하워드의 구상은 실제로 레치워스(Letchworth), 웰윈(Welwyn)의 두 전원도시로 결실을 맺었으며, 런던 북부 교외에 위치한 이 두 도시는 오늘날에도 신도시의 모범이 되고 있다.

구체적으로 다음과 같은 방법을 제시한다.

우선, 신도시 건설 예정지의 토지를 매수 또는 수용한다. 매수대금 및 수용보상금은 채권을 발행하여 지불하고 이자 및 원금을 연차적으로 갚아나간다. 다만, 건설 예정지의 지가가 그다지 높지 않으면 현금으로 매수 또는 보상을 해도 좋을 것이고 토지교환도 고려할 수 있다.

토지 매수가격 내지 수용보상금은 신도시 건설이 알려지기 전의 공시지가를 기준으로 한다, 예를 들어 행복도시는 2002년 초의 공시지가를 기준으로 한다. 참고로 현행 '공익사업을위한토지등의취득및보상에관한법률' 제67조 제2항에 "보상액의 산정에 있어서 당해 공익사업으로 인하여 토지 등의 가격에 변동이 있을 때에는 이를 고려하지 않는다"고 되어 있다. 또 동법 제69조에는 보상채권 발행 근거도 있다.

일단 매수 내지 수용한 토지는 매각하지 않고, 민간용 토지는 개발자에게 장기 임대하거나 지상권을 설정하고 시장 수준의 지대를 징수한다. 지대는 개발기에는 1년마다, 개발이 완료되면 3년 정도의 간격으로 평가한다.

신도시 건설에 따라 막대한 토지불로소득이 발생한다. 신도시에 지대조세제를 실시하면 사회정의도 구현하고 건설비용도 조달할 수 있다.

민간 개발자와 입주자에게 건설 및 입주 유인을 제공하기 위해 일정 기간 (예를 들면 10년간) 법인세, 부가가치세, 지방세 등을 감면한다. 일반적으로 조세를 감면하면 감면액의 상당 부분이 토지임대가치 상승으로 나타날 뿐 아니라 건설이 진행되면서 지대가 급속하게 상승할 것이기 때문에 세수 감소 문제는 생각만큼 크지 않을 것으로 본다.

Ⅷ. 가벼운 읽을거리

토지공개념 없이는 자본주의도 없다

결론부터 제시하겠다. "토지공개념에는 절대 찬성이다. 다만, 우리나라에서 실시했거나 실시하고 있는 토지공개념 제도는 개선의 여지가 많다."

필자가 절대 찬성하는 이유는 진정한 자본주의를 위해서는 진정한 토지공개념이 필수적이기 때문이다.

자본주의를 받치는 두 기둥은 사유재산제와 시장경제이다. 사유재산제는 노력의 대가를 보장하기 위해 개인이 생산한 것을 사유로 하는 제도이고, 시장경제는 생산한 사람이 교환을 원할 때에는 자유로운 시장을 통해서 생산물이 사회에 기여하는 정도에 따라 대가를 얻도록 해주는 제도이다. 사유재산제는 경제정의를, 시장경제는 경제효율을 촉진한다. 이러한 두 기둥이 받치는 자본주의는, 노력하는 개인은 정당한 대가를 얻어 좋고 사회는 개인의 노력 덕에 필요한 물자가 풍부해져서 좋다. 우리가 자본주의를 수호하는 이유는 바로 여기에 있다.

그런데 토지는 인간이 생산한 것이 아니다. 또 토지의 생산성을 반영하는 토지가치는 토질과 같은 자연적인 원인, 인구나 소득이나 교육여건과 같은 사회경제적인 원인, 공공사업과 같은 정부적 원인에 의해 주로 변화하므로 토지소유자는 토지가치에 거의 기여하지 않는다. 토지 사유를 보장한다고 해서 사회에 필요한 토지가 더 생기는 것도 아니고 토지가치의 사유를 보장한다고 해서 토지의 생산성이 높아지는 것도 아니다.

한편 생산적 노력의 결과인 소득과 부에 세금을 매기는 것은 사유재산제와 맞지 않는다. 부가가치세 등 유통에 부과하는 세금도 시장을 자유롭지 못하게 한다. 사유재산제와 맞지 않고 시장기능을 저해하는 이런 세금은 당연히 자본주의와 어울리지 않는다. 정부의 유지를 위해 불가피한 경우가 아니라면 가급적 이런 세금은 거두지 않는 것이 좋다.

토지불로소득을 방치하는 것은 자본주의에 어긋난다. 토지불로소득은 자본주의가 보호하고자 하는 노력과 기여의 대가가 아닌 데다가 이런 부류의 소득을 세금으로 징수하지 않으면 그만큼 생산, 유통, 노력소득 등 사회에 이로운 대상에서 세금을 거둘 수밖에 없기 때문이다.

그러나 소위 '토지공개념 트리오'를 비롯하여 우리나라에서 실시했거나 실시중인 토지투기대책은 개선의 여지가 많다. 투기대책에는 크게 두 가지 방식이 있다. 하나는 토지불로소득을 환수하는 방식이고 다른 하나는 소유와 거래를 제한하는 방식이다.

토지불로소득을 환수하는 방식 중 양도소득세, 토지초과이득세, 개발부담금처럼 지가차액을 징수하는 것은 졸렬한 방식이다. 설령 지가차

소위 '토지공개념 트리오'를 비롯하여 우리나라에서 실시했거나 실시 중인 토지투기대책은 졸렬하여 부작용이 많았다. 최선의 대책은 토지 보유세 인상이다.

액의 100%를 징수한다고 해도 토지를 보유하는 이익 즉 토지의 임대가치에는 손을 쓸 수 없기 때문에 환수가 불완전하다. '부동산 관리비용 빼고 매입가격에 대한 이자를 빼고 나면 임대소득이 얼마나 될까' 생각하실 분도 있겠지만 『한국의 부자』라는 책을 보면, 수도권 알부자 100명 중 88명이 부동산임대료 수입을 소득 비중 1위로 꼽았다.

양도소득세의 경우, 땅을 팔면 세금을 내게 되므로 지주는 될 수 있는 대로 땅을 내놓지 않으려고 해서 인위적인 공급부족 현상을 초래한다. 그렇다고 해서 토지초과이득세처럼 토지를 보유하는 동안 세금을 매기면 땅을 팔지도 않았는데 땅값이 오른 만큼 큰 금액을 내야하기 때문이 심한 저항을 야기한다.

또 예를 들어 30평 아파트를 팔고 양도소득세를 내고 나면 꼭 같은 30평 아파트를 살 수 없기 때문에 양도소득세는 일면 가혹해 보이는 세금이다. 그래서 1가구 1주택에 한해서 예외적으로 면세하게 되는데, 그 때문에 될 수 있는 대로 큰 평수 아파트를 사려고 하는 부작용이 생긴다.

토지불로소득을 제대로 환수하지 않은 채 투기를 잡으려고 하면 소유와 거래를 제한하는 과격한 방식이 등장한다. 토지소유에 상한을 두는 제도는 토지독과점을 막기 위해서가 아니라면 써서는 안 된다. 토지거래허가제나 분양권 전매금지와 같은 거래규제 역시 자유로운 시장을 기반으로 하는 체제와 조화되기 어렵다. 극약처방으로 잠깐 활용한다면 몰라도 이런 방식을 계속하는 것은 곤란하다.

졸렬하지도 않고 과격하지도 않게 토지공개념을 구현하려면 토지보유세를 통해 토지불로소득을 전부 환수하면 된다. 특히 지대(토지의 임대가치)를 과표로 하고 가급적 100%에 가까운 균일한 세율로 부과하는 것이 이상적이다. 이런 토지보유세를 지대세라고 부르고 이런 세금을 우선적인 정부수입으로 삼는 제도를 지대조세제라고 한다.

지대세와 같은 토지보유세가 좋은 세금이라는 데에는 이론이 없다. 정부의 간섭과 세금을 싫어하는 밀턴 프리드먼도 지대세를 "가장 덜 나쁜 세금"이라고 하였다. 이런 세금을 먼저 거두어야만 다른 "더 나쁜 세금"을 덜 거두게 된다. 구체적으로는, 토지사유제를 그대로 유지하면서, 국세로서 '국토보유세'를 신설하고 세율을 점차 높이면서 그만큼 부가가치세 등 나쁜 세금부터 없애거나 줄여나가면 된다.

개혁은, 무슨 기발한 아이디어를 실천하자는 것이 아니다. 현실의 이해관계로 인해 왜곡된 원론을 바로 세우자는 것이다. 무엇이 진정한 자본주의인지, 어떻게 하는 것이 세련된 토지공개념인지 원론부터 생각해 볼 때이다.

【2003년 10월 23일, 업코리아 http://www.upkorea.net】

멀지만 바른 길: 노무현과 지대조세제

대통령에 당선되신 노무현 씨, 축하드립니다. 대통령 당선자를 아무개 씨라고 불러도 어색하지 않을 만큼 노 당선자는 우리에게 소박한 인상을 주었고 멀리 있다고 생각해 온 정치와 정치인을 우리 가까이 느끼게 해 주었습니다.

노 당선자의 장점은 "낡은 정치 청산"이라는 구호에도 나타나듯이 기존의 고정관념에 얽매이지 않고 멀더라도 바른 길을 가려고 하는 당당함입니다. 대통령에 취임하시더라도 당당한 원칙론을 지켜 나갈 것으로 믿기 때문에, 고정관념과 달라 멀어 보이지만 그러나 당당하고 바른 길에 대해 말씀드리려고 합니다.

노 당선자는 이렇게 공약하였습니다. "수도권 과밀해소와 국토의 균형발전을 위해 충청권에 새로운 행정수도를 건설하고, 청와대와 국회, 중앙행정기관을 이전하겠습니다." 이 공약을 둘러싸고 일부에서는 수도권의 집값, 땅값이 하락한다고 하면서 수도권 중상 계층 유권자의 이기심을 자극하였고 일시적으로 노 당선자의 지지도에 영향을 주기도 하였지요. 언제는 부동산 가격이 너무 비싸서 서민이 살기 어렵고 기업의 경쟁력도 떨어진다고 하더니 이제는 부동산 가격이 하락한다고 비판을 하다니, 이해하기 어려운 일입니다.

반면 행정수도를 충청권에 건설할 경우에 충청권의 땅값이 오를 것이고 그러면 충청권 지주가 불로소득을 얻게 되는데 이 부분에 대해서는 어느 후보도 언급이 없었습니다. 노 당선자도 일산 건설의 예를 들면서 인구 50만 정도의 행정수도를 건설하더라도 서울의 집값, 땅값에는 별 영향이 없을 것이라고만 대응하셨지요. 수도권의 집값, 땅값이 내리는 것은 안 되고 충청권의 땅값이 오르는 것은 괜찮다는 것인가요? 이것은 정치권이 표를 의식한 결과이고 따라서 '당당한 노무현'에 다소 간 못 미치는 모습이었다고 봅니다.

이제부터 집값은 땅값에 포함시켜 언급하려고 합니다. 최근 강남의 아파트 가격이 오른 것은 강남의 아파트 시설이 좋아서가 아니라 강남이라는 지역의 인기를 반영한 결과라는 점에서도 알 수 있듯이 집값은 결국 땅값에 의해 좌우되기 때문입니다.

정부정책으로 인해 땅값이 등락할 때 노력하지 않은 일부 국민이 이익을 취하거나 책임 없는 일부 국민이 손실을 감수하는 것은 옳지 않으며 이런 문제에 대한 해결책은 이미 노 당선자의 공약에 들어 있습니다. "토지보유세를 높이고 토지거래세를 줄인다" – 바로 이것입니다. (보도에 따르면 "주택정책 분야에서 투기 억제에 초점을 맞춰 보유세 강화와 거래세의 점진적 축소 방안 등을 제시하였다"고 하는데, 노 후보 측에서 집값 문제는 곧 땅값 문제라는 단순한 사실을 몰랐을 리가 없으므로 저는 이 공약을 토지정책 공약이라고 이해하려고 합니다.)

그렇습니다. 토지거래세는 토지거래를 억제하기 때문에 나쁜 세금입니다. 우리 사회에서는 부동산을 사고팔아 전매차익을 노리는 투기가 성행했기 때문에 부동산 거래는 억제해도 좋다고 생각하는 경향이 있지만, 거래를 억제하면 실수요자까지 피해를 입게 된다는 점을 생각해야 합니다. 도둑을 막는다는 이유로 통행금지를 실시하는 것과 같다고 할

까요?

반면 토지보유세는 좋은 세금입니다. 토지불로소득을 '원천적으로' 봉쇄하는 동시에 토지거래에 지장을 주지 않는 세금이기 때문입니다. 토지를 투기적으로 소유하는 사람이 적지 않은 현실에서 상당한 세율의 토지보유세를 부과하면, 소유자가 부담을 피하기 위해 토지를 내놓게 되니까 실수요자 중심의 토지배분이 오히려 촉진되기까지 합니다.

한 걸음 더 나아가서 세금 전체를 살펴본다면 현재 정부 수입의 대종을 이루고 있는 부가가치세나 소득세도 좋은 세금이 아닙니다. 소득이나 부가가치는 장려해야 할 대상인데도 여기에 세금을 매기면 경제가 위축될 것이 자명하지 않습니까? 더구나 엄청난 불로소득을 그냥 놔둔 채 생산적 노력에 세금을 매기는 것은 정의롭지도 않고 진정한 사유재산제에도 맞지 않습니다.

이제 해답은 분명해졌습니다. 토지보유세를 높이고 그만큼 나쁜 세금을 깎아 주면 됩니다. 그러다 보면 결국 토지보유세를 가장 우선적인 정부수입으로 삼고 부득이한 경우에 다른 세금을 보완적으로 징수하는 세제로 가게 됩니다. 이런 제도를 지대조세제라고 합니다. 점진적으로나마 이런 방향으로 이행하면 사회정의도 세우면서 대선공약으로 내건 7% 경제성장도 어렵지 않게 달성할 수 있습니다. 투기와 불황에 시달리던 덴마크에서는 이런 정책을 (실시하기 전에) 예고만 했는데도 굉장한 효과를 본 사례가 있습니다.

생소한 제도라고 해서 신중을 기하고 싶으시다면 우선 행정수도 건설 특별법에 지대조세제를 채택하여 효과를 검증한 다음 확대 적용해

나가는 방법도 좋겠습니다. 100년 전 영국 전원도시 건설의 선구자였던 E. Howard도 신도시에 지대조세제를 적용해야 한다고 하였습니다.

지대조세제는 미국의 헨리 조지(1839-1897)가 주창한 제도입니다. 헨리 조지는 "낡은 정치 청산"을 추구하는 노 당선자처럼 고정관념을 탈피하여 새로운 관점에서 사회를 개혁하려고 했던 사람으로서 당시 영어 사용권에서는 마르크스보다 더 유명했었습니다. 그 역시 노 당선자처럼 대학 근처에도 가보지 않은 사람인데 아마도 대학에 가지 않았기 때문에 그만큼 편견에 물들지 않고 독창적인 사고를 할 수 있었던 게 아닌가 합니다.

지대조세제는 근본적으로, 사람이 생산하지 않은 것은 공유로, 사람이 생산한 것은 생산자의 사유로 하자는 건전한 상식에 바탕을 두고 있습니다. 다시 말하면 토지와 자본의 사유를 바탕으로 하는 자본주의와 양자의 공유를 바탕으로 하는 사회주의의 중간에 있는 제3의 이데올로기입니다.

통일한국이 남한식 자본주의를 채택해야 할까요? 아닙니다. 병폐가 많은 자본주의를 통일의 모델로 할 이유도 없는 데다가 그렇게 된다면 북한 주민은 자존심에 심한 상처를 입을 것이고 또 적응하는 데도 매우 힘이 들 것입니다. 바로 이런 점이 통일의 장애로 작용하기도 할 것이기도 합니다. 그렇다면 남북한 두 체제의 장점을 따서 토지는 공유, 자본은 사유로 하는 체제가 좋지 않을까요? 남한은 토지소유권을 그대로 둔 채 토지보유세 위주의 세제개혁을 하고 북한도 토지국유제를 유지하면서 현 사용자에게 제값 받고 임대하는 방식을 취하면 될 것입니다.

고정관념에 매이지 않는 당당한 원칙의 사나이 노무현 씨의 관심과 결단을 기대합니다.

【2003년 1월 2일, 오마이뉴스】

'버블 세븐'과 부동산 정책

정부는 강남 등 일곱 개 지역을 '버블 세븐'이라고 부르면서, 집값에 거품이 끼었다고 경고를 하자 이를 두고 여러 말이 많다. 한편, 5.31 지방선거에서 참패한 여당 내에서는 엉뚱하게도 부동산 정책을 탓하는 소리가 나오고 있다.

좀 딱딱한 이야기지만, 버블이란 시장가격이 정상가격에 비해 현격하게 높을 때 그 가격차를 말한다. 토지의 정상가격은 할인율과 미래의 지대에 의해 결정되는데, 할인율은 현재의 이자율과 같으므로 쉽게 파악되지만 미래의 지대는 대단히 불확실하다. 그래서 부동산의 정상가격은 제대로 파악하기 어렵고 버블이 존재하는지, 또 존재한다면 그 크기가 어느 만큼인지를 판단하기도 어렵다. 그러므로 버블의 존재와 크기에 대해 논란을 하기보다는, 버블이 있다고 해도 그게 터질 때 사회에 해가 될 지경인지 아닌지를 판단하는 것이 실용적이다.

버블이 맥주거품처럼 작은 방울이 되었다가 스르르 꺼지면 다행이지만 풍선껌처럼 크게 부풀어 오른 후 일시에 터지면 위험하다. 부동산 경기 호황이 계속될 것처럼 보이면 자신의 상환 능력을 넘는 큰 돈을 빌려 투기 대열에 뛰어드는 사람이 많이 나타난다. 버블은 계속해서 커지지만 언젠가는 터지면서 연쇄적인 채무불이행 사태를 야기한다. 버블로 가득한 부동산을 담보로 잡은 금융기관을 필두로 줄줄이 주저앉게 된다. 역사상 이런 사례가 많았고 가까이는 1990년대 초의 일본도 그 하나다.

그런데 정부에서는 한쪽으로는 버블을 조심하라고 하면서 다른 쪽으로는 위험한 상태는 아니라고 한다. 정부가 부동산 투자 가이드도 아닌데, 위험하지도 않은 버블에 신경을 쓰는 이유는 뭘까? 정부가 나름대로 강력한 부동산 대책을 내놓았는데 '약발이 안 먹힌다'는 평이 있어 초조해졌기 때문이 아닐까?

이러한 초조감은 정부가 자초한 것이다. 부동산 정책의 목표를 '가격 잡기'로 잘못 설정했기 때문이다. 참여정부 출범 후 굵직한 조치만 네 번 내놓았고, "10.29 조치 이전의 가격으로 되돌려 놓겠다"고 공언까지 했다. 그런데도 강남 지역의 부동산 가격은 오히려 강세를 보여 정책 실패로 비치게 되자, 답답한 심경으로 버블론을 내놓은 것 같다.

물론 가격 그 자체를 정책 대상으로 삼아야 하는 경우도 있다. 예를 들어 서민주택 가격이 서민이 감당하기 어려운 수준으로 형성된다면 이를 해결하기 위해 원가 절감이나 공급 확대 등을 고려해야 한다. 또 복지 차원에서 저소득층 주택을 정상가격 이하로 공급하는 것도 고려할 수 있다. 그러나 강남과 같은 중상층을 위한 주택이라면 정책 목표를 '가격 잡기'가 아니라 '불로소득 환수'에 두어야 한다.

부동산 가격은 실수요를 반영하는 정상가격과 가수요에 의한 투기가격으로 형성되며, 이 중에서 문제를 일으키는 것은 투기가격이다. 양자를 구분하지 않고 가격을 잡으려고 하면 '아기 목욕시킨 물을 버리다가 아기까지 같이 버린다'는 서양 속담처럼 정상가격까지도 다치게 된다. 투기가격을 잡는 최선의 방법은 '불로소득 완전 환수'다. 불로소득이 없으면 가수요가 사라지므로 따로 손을 쓰지 않더라도 정상가격만 남는다.

여당 일각에서는 부동산 정책을 손질하자고 하는데, 지금은 그럴 시점도 아니거니와 불로소득을 줄여 주는 방향의 손질은 더욱 안 된다. 2003년에 정부가 내놓은 조치를 당에서 후퇴시킨 '10.29의 추억' 때문에 버블이 더 커졌다는 사실을 모르는가? 혹시라도 손질을 한다면 오히려 보유세를 강화하여 불로소득을 더 철저하게 환수하는 쪽이 되어야 한다.

【2006년 6월 17일, 경향신문】

그 까이꺼, 강남 집값 좀 비싸면 어때

'강남이다, 판교다' 하면서 집값이 오르니까 정부는 정부대로, 투기세력은 투기세력대로, 서민은 서민대로, 시민단체는 시민단체대로 각각 다른 이유로 비상이 걸렸다. 그런데 태평스럽게 "그 까이꺼, 귀족들이나 사는 강남의 집값 좀 비싸면 어때" 하는 사람도 있다. 차분히 생각해 보면 일리가 있다. 강남의 집값이 비싸다고 해서 노숙자가 생기는 것은 아니기 때문이다. 문제는 강남 집값이 비싼 데 있는 것이 아니라 그 통에 불로소득이 발생하는 데 있고 또 그 바람에 서민들 집값까지 들썩이는 데 있다. 그렇다면 강남의 집값을 잡으려고 하기보다는 불로소득을 환수하고 서민주택 대책을 세워야 한다.

강남의 집값이 비싼 이유로 주거환경이 좋다는 이유를 드는 사람도 있지만, 글쎄다. 강남의 주거환경이 다른 지역보다 그 집값 차이만큼 더 쾌적하고 편리해 보이지는 않는다. 더 중요한 이유는 강남에 집을 장만하면 불로소득이 더 크게 생기는 데다가, 대한민국의 귀족층이라는 자부심을 가질 수 있고, 대학 입학이 유리하니까 학벌주의 사회에서는 귀족 신분의 대물림까지 가능하다는 데 있다.

이 중에서 자부심에 대해서는 손댈 필요도 없고 손대기도 어렵다. 스스로 그렇게들 생각한다는 데야 무슨 뾰족한 수가 있을까? 교육이나 종교를 통해 강남 사람과 국민 전체의 인격이 높아지기를 기대하는 수밖에 없다. 이런 속물적 자부심 때문에 비싼 집에 살고 싶어 한다면 그냥 놔두면 그만이다. 단지 불로소득만 환수하면 된다. 그러나 특권의 대물림을 방치해서는 안 된다. '고교 등급제'나 '보유세 저항'에서도 보았듯이 귀족층의 자기 보존 욕구는 매우 강하다. 그러나 정부가 여기에 밀리면 안 된다. 정부의 존재 이유는 바로 이런 기회의 불평등을 시정하는 데 있기 때문이다.

불로소득도 환수하지 않고 강남의 부당한 특권도 해소하지 않는 가운데 강남에 또는 그에 버금가는 지역에 집을 추가로 공급한다면 어떻게 될까? 집을 정말로 많이 공급하여 강남 복덕방에 빈집이 넘쳐 난다면 강남의 집값도 잡히고 특권도 사라질 것이다. 그러나 집을 지을 토지는 한정되어 있으므로 현실적으로 그런 사태가 날 정도의 공급 확대는 기대할 수 없다. 최근 판교에서 보았듯이 추가 공급은 투기의 불쏘시개가 될 뿐이다.

그렇다면 부동산 문제의 정답은 저절로 드러난다. 첫째로, 부동산 불로소득을 완전히 환수해야 한다. 불로소득이 없으면 투기가 사라지고 부동산 시장에는 실수요만 나타난다. 불로소득이 없으면 가격의 급격한 등락 현상도 없으므로 가격 안정도 저절로 이루어진다. 정부는 단지 주택을 감당하기 어려운 서민에 대한 배려만 하면 된다. 둘째로는 강남의 부당한 특권을 해소해야 한다. 강남에 산다는 이유로 다른 국민보다 더 큰 기회를 누리는 일이 없도록 해주어야 한다.

그런데 우리 정부는 이 문제에 둔감해 보인다. 하나의 예로, 최근 본고사와 다름없는 대학입시가 부활되어 강남권 주민이 유리해지는 데도 정부는 뒷짐만 지고 있다. 학벌주의를 타파하고, 시골에 살더라도 그 지역에서만 공부를 잘하면 원하는 대학에 갈 수 있도록 해주어야 한다. 이렇게 하면 수도권 공공기관을 비싼 돈 들여 지방으로 이전하는 것보다 더 큰 효과를 낼 수 있다. 대학 자율은 공익보다 더 높은 가치인가? 정부의 각성이 필요한 부분이다.

불로소득의 환수와 특권의 해소. 이 두 가지만 된다면, "그 까이꺼, 강남 집값 좀 비싸면 어때."

【2005년 9월 4일, 오마이뉴스】

토지보유세, '조세 저항'이 문제라고?

정부는 불과 몇 년 전에 IMF 구제금융 사태를 벗어난다는 명분으로 부동산 경기를 진작시킨다더니 이제는 부동산 투기를 진정시킨다고 부산하다.

우리 국민이면 누구나 집 문제, 땅 문제가 우리나라 최대의 사회문제라는 사실을 잘 알고 있다. 그런데 정부는 1960년대 이래 10년마다 반복되는 투기열풍을 겪으면서도 근본 조치를 취하지 않고 투기억제와 부동산 경기 부양이라는 상반된 정책 사이를 오락가락해왔다.

단기적 인기에 영합하려는 정치권의 압력과 내 재임 중에만 괜찮으면 된다는 관료사회의 '님투(NIMTOO)' 현상이 결합하여 문제를 눈가림하는 것이 버릇이 된 것 같다.

부동산문제는 근본적으로 토지문제이고 토지문제는 토지보유세를 대폭 높여야 해결된다는 것은 전문가의 한결같은 지적이다. 또 김영삼, 김대중 두 대통령은 토지보유세를 강화하겠다고 분명하게 약속하기도 했다.

그런데 토지보유세 강화 조치는 이번 부동산 투기대책에서도 빠졌다. 앞으로 행정자치부에서 연구하겠다는 정도로 얼버무리고 말았다. 실망스럽다.

정부가 토지보유세에 난색을 표하는 것은 '토지보유세가 미실현 이익에 대한 조세이므로 조세저항이 우려'되기 때문이라고 한다. 속사정이야 어떻든, 표면적으로 내세우는 이유이므로 이 점에 대해 일단 따져 볼 수밖에 없다.

첫째로 토지보유세가 조세저항을 야기한다는 증거가 없다. 현재까지 토지초과이득세와 부가가치세를 제외하고는 대부분의 조세에 대해서 조세저항이 없었으며 그저 '조세저항이 우려된다'는 말만 무성했을 뿐이다.

둘째로 토지보유세는 미실현 이익에 대한 과세로 볼 수 없다. 현재 모든 토지관련 세금의 과표는 지가를 기준으로 한다. 지가는 미래에 발생할 지대를 미리 앞당겨 목돈으로 내는 가격이므로 본질적으로 미실현 가치이다.

이렇게 본다면 지가를 과표로 하는 과세는 모두 미실현 이익에 대한 과세가 된다. 반면 지대 즉 토지의 임대가치는 토지소유자에게 현재 계속해서 실현되고 있는 가치이다. 따라서 지대를 과표로 하는 과세는 실현이익에 대한 과세이다.

그러므로 토지보유세를 지대를 기준으로 과세하면 된다. 그러나 토지보유세를 지가를 기준으로 과세하더라도, 다소 부정확하지만 지가와 지대 사이에 비례관계가 있다고 하면, 실현이익에 대한 과세라고 볼 수 있다.

혹자는 '유휴토지의 경우에는 지대조차도 실현되지 않는다'고 항의하기도 한다. 이 경우는 실현되지 않는 것이 아니라 토지소유자가 실현을 거부하는 것이다. 소유토지를 제대로 사용하면 얻을 수 있는 소득을 방치하는 것은 다른 사람의 토지사용 기회를 박탈하면서 자기 복을 걷어차는 것과 같으므로 고려해줄 이유가 없다. 그게 싫으면 소유를 포기하면 된다.

셋째로 조세저항을 우려하는 정부의 입장을 최대한 이해하려고 한다면 '수중에 현찰이 모자라서 세금을 내기 어렵다'는 정도로 바꿀 수 있을 것이다. 현찰이 눈에 보일 때 세금을 징수하는 것이 조세행정상 쉬울 것은 당연한 이치이다. 그런데 세금 치고 수중의 현찰을 보고 징수하는 경우는 소득세의 원천징수와 같이 아주 예외적인 세금뿐이다.

양도소득세도 수중에 현찰이 있을 때 부과하는 것 같지만 과연 그럴까? 부동산 매매를 해본 분은 다 아시겠지만 양도소득세는 부동산을 팔고 난 몇 달이 지난 후에 납부한다. 그런데 부동산 매각 대금을 세금 납부시점까지 수중에 들고 있는 사람이 누가 있나? 벌써 다른 부동산을 매입하거나 다른 용도로 사용하고 말지.

또 수중의 현찰과 세액의 크기도 비교해볼 수 있다. 수중의 현찰이 없는 사람이 큰 금액의 세금을 내려면 현금을 조달하는 데 애를 먹을 수 있기 때문이다. 토지초과이득세가 좋은 예이다. 토지초과이득세는 토지보유세의 일종이기는 하지만 큰 금액을 한꺼번에 내야 하는 세금인데다가 양도소득세와 달리 땅을 팔지도 않았는데도 세금을 내라고 하니까 조세저항이 생긴 것이다. 취지는 이해하지만 한마디로 졸렬한 방식의 세금이었다.

그렇다면 조세저항은 과세가 불공평하거나 세액이 너무 많을 때 생기는 것이지 종합토지세 등과 같이 명분도 있고 매년 조금씩 징수하는 방식의 토지보유세는 조세저항이 생기지 않는다.

일부 토지과다 보유계층, 특히 유휴토지 보유계층의 불평을 조세저항으로 인식해서는 안 된다. 총세입을 일정하게 유지하는 가운데 토지보유세 인상분만큼 다른 조세를 감면해주면 정부당국의 우려도 사라질 것이다.

한 가지, 확인할 수는 없어도 강한 심증이 가는 이야기를 덧붙이고 싶다(진실은 대체로 확증을 잡기 어렵다는 특징을 갖고 있다).

토지보유세에 대한 조세저항 이야기는 교과서에도 나온다. 이들 교과서는 한편으로는 토지보유세가 가장 이상적인 조세라고 적고 있으면서도, 증거도 없이 조세저항 이야기를 하고 있다.

토지보유세를 내기 싫은 학자들의 개인 취향이 이론과 무관하게 교과서 한 구석을 장식하고 있는 것이다. 그러니까 그걸 배운 일부 학자들은, 자신의 개인 취향이 그렇지 않더라도, 무심코 그렇게 이야기한다.

또 관료들도, 학자들이 그렇게 이야기하는 데다가 자신에게 영향력을 가진 사람들, 예를 들면 고급공무원, 정치인, 수구언론, 서울의 중산층 등 땅으로 한몫 보는 사람들의 취향에 의식 무의식적으로 영합하여 이런 말을 쉽게 되풀이하고 있다.

또 조세저항이 내기 싫어서 안 내려고 하는 저항이라면, 조세저항을 이유로 토지보유세 실시를 꺼리는 것은 말이 안 된다. 세금 치고 내고 싶은 세금이 어디 있을까? 모든 세금 중에서도 실은 소득세를 내기가 제일 싫지 않을까?

【2002년 9월 12일, 한겨레신문】

부동산 대책 '서울만의 리그'

정부는 10월 29일[2003년] 세제, 금융, 주택공급 확대를 골자로 하는 "주택시장 안정 종합대책"을 발표하였다. 우리나라 대부분의 정책이 그렇듯이 이 대책에도 서울중심적, 지방차별적 내용이 깊숙이 자리 잡고 있는데, 지방에서조차 이 문제에 대한 언급이 없는 듯하여 몇 가지 지적하려고 한다.

서울과 지방의 부동산 가격차는 엄청나다. 50대 중반인 필자는 30년쯤 전에 사회생활을 시작하였다. 당시 다같이 무일푼이었던 친구 가운데 어떻게든 서울에서 집을 마련한 사람은 모두 5, 6억 원대 집을 가지고 있으나 대구에서 살아온 필자 같은 사람은 집 한 채가 있다고 해도 기껏해야 1억 원 남짓, 많아야 2억 원 정도이다. 지금까지의 어떤 대책에도 이런 불평등 문제에 대해서는 언급이 없었고 지방에서도 문제를 삼지 않아 왔다.

과거의 차별은 그렇다고 하더라도 적어도 앞으로는 문제를 예방해야 할 텐데 서울사람들이 만드는 대책에는 희망이 없어 보인다.

우선, 국세로 신설한다고 하는 종합부동산세에 서울중심주의가 배어 있다. 이 세금은 부동산을 특별히 과다하게 보유하는 전국 5만 내지 10만 명 정도에게만 해당된다고 한다. 상위 5만 내지 10만 명의 부동산 가액이 얼마나 될 지는 확실치는 않지만 대체로 시가 20억 원 정도는 되는 것으로 추측된다. 우리 생각으로는 10억 원만 넘어도 대단한 부자이므로 당연히 과세 대상이 되어야 할 텐데 서울 감각으로는 그렇지 않은 모양이다. 집 한 채 가지고 있는 사람이 어물어물하면(?) 10억 원은 쉽게 넘긴다는 것이 서울 감각이므로 이런 중산층(?)을 배려한 것으로 보인다.

둘째로, 1가구 1주택 면세 내지 1가구 다주택 중과 조치 역시 앞으로도 서울중심적으로 대책을 운영하겠다는 표현이다. 서울사람의 5억 짜리 집이나 대구사람의 1억 짜리 집이나 다같이 1가구 1주택으로 면세한다면 매우 불공평하다. 또 서울사람의 5억 짜리 1주택은 면세하고, 대구사람의 1억 짜리 3주택은 중과세한다면 이것도 앞뒤가 맞지 않는 이야기이다. 그러므로 세금 감면이 꼭 필요하다면 금액 기준으로, 예를 들면 1가구 부동산 1억 원까지 면세로 하는 것은 좋겠다. 다행히 최근에 건교부 장관이 이와 비슷한 발언을 했다고 하니 지켜볼 일이다.

서울사람들은 필자의 견해를 좋아하지 않을 것이다. 필자는 지방을 살리기 위해 인재지역할당제를 하자고 주장해 왔는데 서울 사람들은 이걸 역차별이라고 매도하면서 "지방에서 살아 기회가 적다고 느끼면 서울로 이사하면 된다"고들 하였다. 이런 서울사람들의 말을 그대로 빌리자면, 서울에서 살아 세금을 많이 내는 게 싫으면 지방으로 이사하면 된다.

조세이론으로 보면, 부동산 전체가 아니라 토지만을 대상으로 하여 가급적 임대가치의 100%에 가까운 높은 균일세율로 부과하는 토지보유세가 모든 세금 중에서 가장 좋다고 되어 있다. 반면 생산적 노력의 결과인 소득이나 부가가치에 세금을 매기는 것은 나쁘다는 결론이 나와 있다.

그러므로 국세로 국토보유세를 신설하여 모든 토지에 대해 보유세를 부과하되 점차 세율을 높여 나가는 한편 그 대신 부가가치세, 소득세 등 경제에 짐이 되는 나쁜 세금을 감면해야 한다. 이렇게 하면 세제는 공평하면서도 시장친화적인 모습을 갖게 되고 부동산 투기도 확실하게 잡을 수 있다.

한 가지 덧붙일 것은, 정부 대책에 지방세인 종합토지세 인상도 들어 있다는 점이다. 토지보유세 인상은 물론 좋은 방향이지만 지방분권 시대에 맞추어 지방정부의 과세권을 확대시켜주어야 할 판에 이런 발상을 하는 것은 모양이 좋지 않다. 지방세는 지방민의 선택에 맡기고 전국적인 문제는 국세로 해결하기를 바란다.

【2003년 11월 11일, 영남일보】

병역 기피와 부동산 투기

한 동안 병역을 기피하기 위한 국적 포기를 두고 말이 많았는데 이제는 부동산 투기가 뜨거운 관심사로 등장하였다. 병역 기피와 부동산 투기. 둘은 전혀 관계가 없어 보이지만 중요한 공통점이 하나 있다. 있어서는 안 되는 일이라고 다들 생각하면서도 기회가 되면 자신도 하고 싶어 한다는 점이다. 왜 그런가에 대해서는 굳이 말 안 해도 다 알지만 한번 풀어 보자.

병역은 왜 기피하고 싶은가? 군대 안 가는 친구들이 더운 밥 먹고 편한 잠자리에 자면서 돈 벌고 경력까지 쌓는 동안, 난 박박 기면서 썩는다. 때로는 애인이 신발을 거꾸로 신는 일도 있다. 제대 후에는 굳어진 머리로 새로 공부해 취직해야 하므로 군복무 기간 이상 손해다. 더구나 과거에 군제대자에게 주던 가산점마저 남녀평등을 이유로 폐지되어 공무원 시험에 합격하기도 전과 같지 않다. 참으로 억울하다. 그러니 군대 안 가는 사람이 있는 한 나도 빠지고 싶다.

부동산 투기는 왜 하고 싶은가? 내가 점잔 빼고 있는 동안 남들은 한 건만 해도 수천만원 아니 요즘엔 수억 원씩 챙긴다. 내가 매월 50만원을 저축한다고 해도 1억 원을 모으려면 200개월 가까이 걸린다. 먹을 것 안 먹고, 체면 접고, 부조금까지 아껴도 월 100만 원 저축은 어려운데, 그래도 100개월 가까이 걸린다. 더구나 집을 사려고 열심히 저축하다 보면 집값은 저만큼 더 멀리 달아나 있다. 참으로 억울하다. 그러니 부동산 투기를 하는 사람이 있는 한 나도 한탕 하고 싶다.

국민이 다들 이렇게 생각할 때 병역 기피와 부동산 투기는 근절되지 않는다. 당연히 힘깨나 쓰는 집 자식부터 군대에 빠진다. 또 그런 계층이 정보가 많고 돈을 굴리기도 쉬우니까 부동산 불로소득 역시 더 많이 챙기게 된다. 고위공직자의 자녀 병역 통계와 재산공개 결과에 이런 사실이 잘 나타나 있다.

이대로 두면 사회는 양극화로 치닫게 된다. 군대 가는 대신 경력 많이 쌓아 남보다 먼저 윗자리에 올라간다. 부동산으로 번 돈으로 자식들 과외 많이 시켜 좋은 학교에 보낸다. 끼리끼리 강남에 모여 살면서 고교등급제는 현실적으로 불가피하다는 여론을 부추긴다. 이걸 지키기 위해 학벌주의와 서울중심주의를 계속 조장하고 부동산 보유과세에 저항한다. '사유재산'과 '자유경쟁'과 '규제완화'와 '관습헌법'을 찬미한다. 정의감이란 시기심의 다른 표현이라고 야유한다.

병역 기피와 부동산 투기를 이대로 두어서 안 된다고 생각하는 '시기심' 많은 사람들이 내놓을 수 있는 해법은 어떤 것일까? 답은 단순하다. 최소한 군대를 가도 손해나는 일이 없도록 (안 가면 더 불리하도록) 해주는 거다. 또 부동산 투기를 해도 이익이 되지 않도록 (손해 보도록) 해주는 거다. 그렇지 않고 단속과 설득만 해서는 해결이 안 된다. 이익 앞에는 노블리스 오블리제도 없다.

병역으로 인한 손해를 다 막으려면 인생을 보상해야 하기 때문에 보통 문제가 아니다. 그래도 군대 갔다 온 사람에게 강남의 집 한 채를 준다고 하면 자원 입대하는 사람도 많을 것이다. 물론 현실적으로는 그렇게까지 하기 어려우니까 최소한 군에 안 가는 사람이 벌 수 있는 수입만큼은 보상해야 할 것이다.

계산을 쉽게 하기 위해 그 금액을 월 100만 원이라고 해보자. 요즘 같은 불경기에 의식주를 해결하고 순수입 100만 원이면 그리 적지는 않다고 보지만 사회적 합의에 따라 더 올릴 수도 있다. 2년간 군 생활을 하고 제대하면 2,400만 원에 이자를 붙여 목돈을 주는 거다.

'월 100만 원? 그 돈을 어떻게 감당하나' 이렇게 생각하실 분도 계실 것 같으니 셈을 해보자. 우리 군의 사병 수를 대략 50만 명으로 보고, 월 100만 원씩 주려면 월 5000억 원, 연 6조 원이 필요하다. 2005년 정부 일반회계 예산이 130조 원쯤 되니 5% 선이다. 물론 적은 금액은 아니지만 예산은 우선순위를 정하기에 달렸다.

그러나 다른 예산을 축 내지 않고 해결하는 방법도 있다. 부동산 불로소득을 환수하여 사병 월급을 주는 거다. 부동산 불로소득은 토지에서 생기므로 결국 땅 가진 국민이 공돈으로, 자기 땅을 지켜주는 자녀들에게 월 100만 원씩 쏘는 거다.

토지불로소득을 환수하는 방법은 여러 가지 있지만 계산을 쉽게 하기 위해 단순한 예를 들어 보자. 우리나라 지가 총액은 2,000조 원을 넘는다. 사병 봉급 연 6조 원은 지가의 0.3%에 해당된다. 그러니까 매년 지가의 0.3%를 보유세로 징수하면 된다. 혹 월급을 더 주자고 국민이 합의한다면 좀 더 징수하면 된다. 5.4 부동산 대책에는 2017년까지 실효세율을 1%까지 끌어올린다고 하니까 이 일정을 조금만 앞당기면 된다.

이렇게 하면 일석이조의 효과를 얻게 된다. 토지불로소득을 환수하여 투기도 막고 병역으로 인한 억울함도 풀어줄 수 있다. 한번 해봄 직하지 않은가?

【2005년 6월 12일, 오마이뉴스】

헨리 조지, 진정한 토지공개념의 원조

헨리 조지(Henry George)

금년[1997년]은 미국의 경제사상가 겸 토지개혁가였던 헨리 조지(Henry George, 1839~1897)의 100주기가 되는 해이다.

헨리 조지는 필라델피아의 가난한 집안에서 태어나 만 14세가 되기도 전에 학교를 그만 두고 갖가지 직업을 전전하다가 언론인으로서 상당한 명성을 쌓았으며 노동단체의 추대에 의해 뉴욕 시장에 출마하기도 했던 입지전적 인물이다.

헨리 조지가 만 40세 되는 해에 출간한 『진보와 빈곤』(1879)은 당시 구미와 호주의 독서계를 휩쓸어 성서 다음으로 많이 보급된 책이 되었고 지금까지도 경제학 서적으로서는 가장 많이 보급된 책으로 알려져 있다. 그 외에도 무역 장벽의 철폐를 주장한 『보호와 자유무역』(1886), 자신의 경제이론을 체계화한 『정치경제학』(1898, 사후 출판) 등 많은 저서를 남겼다.

헨리 조지의 대표작인 동시에 그의 사상을 감동적으로 제시하고 있는 『진보와 빈곤』(Progress and Poverty)의 내용은 다음과 같다.

① 산업혁명에 의해 사회가 눈부시게 진보함에도 불구하고 극심한 빈곤이 사라지지 않는 이유를 흔히 임금기금설과 맬서스의 인구론으로 설명하지만 이는 옳지 않다.

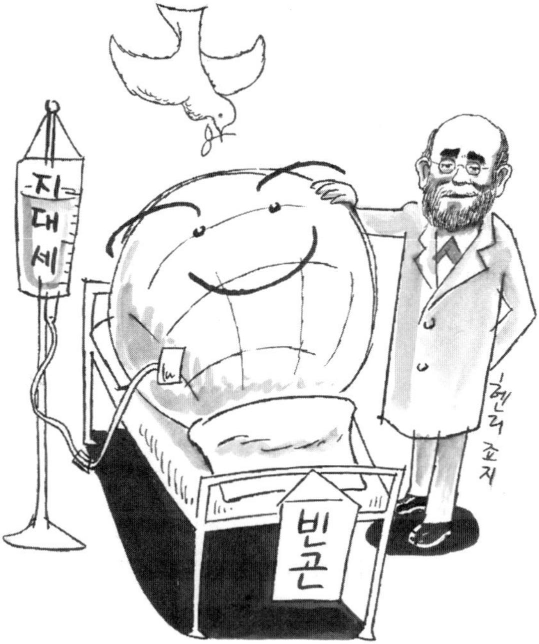

지대조세제는 미국의 헨리 조지가 명저 『진보와 빈곤』(1879)에서 주창하였다. 이 책은 당시 성서를 제외한 논픽션 가운데서는 가장 많이 보급된 책이었다.

② 빈곤의 진정한 원인은 생산에 아무런 기여도 하지 않는 지주가 토지가치를 차지한다는 데 있다. 사회의 진보가 이룩됨에 따라 지대의 총액이 증가함은 물론이고 지대가 총생산 중 차지하는 비중도 커져서 진보의 혜택이 노동과 자본에 돌아가지 못한다는 것이다. 이 문제는 토지사유제하에서 불가피하게 발생하는 토지투기로 인해 더욱 심각하게 된다.

③ 그러므로 진보의 혜택을 정의롭게 배분하여 빈곤을 타파하려면 토지사유제를 철폐하여야 한다. 그러나 이미 토지사유제에 익숙한 나라에서는 토지를 환수할 필요까지는 없고, 단지 매년 토지의 연간 임대가치를 정부가 환수하고 그 금액만큼 다른 조세를 면제하면 된다. 헨리 조지는 이런 제도를 지대조세제(land value taxation)라고 하였다.

④ 지대조세제를 실시하면 빈곤이 사라지는 것은 물론이고 사회정의와 경제능률이 다같이 피어난다. 반면 이 제도를 실시하지 않는다면 현대 문명도 쇠퇴하고 말 것이다.

헨리 조지의 사상은 톨스토이를 비롯한 많은 이상주의자들의 열렬한 지지를 받았고 오늘날에도 우리나라를 포함하여 세계 각국에서 헨리 조지 사상을 보급·실천하는 운동이 맥을 잇고 있다. 그러나 100년 전 헨리 조지의 장례식 때 수십만 인파가 뉴욕의 거리를 메우면서 조문하였던 데 비해 본다면 오늘날은 거의 잊혀진 인물이 되다시피 한 상태이다. 그 가장 큰 이유는 토지의 독자성을 인정하지 않는다는 점에서 공통성을 가진 좌파와 신고전학파라는 양대 진영이 20세기 경제학계의 주도권을 장악하여 왔기 때문이다.

『진보와 빈곤』의 충격은 19세기 후반 침체상태에 빠졌던 유럽의 사회주의 운동을 부활시키는 큰 계기가 되었으며 마르크스의 딸(Eleanor Marx)의 연인이었던 아벨링(Edward Aveling)은 헨리 조지를 지지하는 연설을 하기도 하였다. 그러나 헨리 조지 사상은 경제활동의 자유와 자본의 사유를 기반으로 하고 있기 때문에 사회주의와 본질적으로 융화될 수 없었다.

한편 신고전학파는 리카도 등 고전학파의 토지관을 버리고 지대의 성격이나 결정방법이 다른 생산요소와 다름없다고 보았으며 심지어 콥-더글러스 생산함수[3] 속에는 생산요소로서 토지가 사라지고 노동과 자본만이 남게 되었다. 이런 변화에 대해 미국 캘리포니아 대학(리버사이드 소재) 개프니(Mason Gaffney) 교수는, 클라크(J.B. Clark) 등 당시 미국 경제학계의 거물들이 학문 외적인 이유로 헨리 조지의 이론을 경제학에서 철저히 몰아냈기 때문이라고 공박하기도 한다.

그러나 토지 공유와 자본 사유를 내용으로 하는 헨리 조지의 사상은 자본주의와 사회주의를 지양하는 합(合)이 되므로, 자본주의의 병폐가 여전한 가운데 사회주의라는 견제력마저 퇴조한 이 시점에 그 가치가 돋보인다. 또 지대조세제는 토지투기를 근절시킬 수 있는 유일한 처방이라는 점에서 토지투기 열풍으로 인해 깊은 상처를 입은 우리나라에서는 더욱 큰 관심의 대상이 된다.

【1997년 3월 3일, 교수신문】

3) 콥-더글러스 생산함수란, 경제전체의 산출량을 종속변수로 하고 생산요소 투입량을 독립변수로 하는 생산함수인데 독립변수에 노동과 자본만이 들어 있다.

통일 후의 토지제도

남북한이 통일이 될 경우 남북의 체제와 정부를 그냥 두는 가운데 왕래만 자유롭게 하는 정도가 될 지 아예 체제도 하나 정부도 하나인 형태의 통일이 될 지 불확실하다. 그러나 처음에는 자유왕래 정도의 통일(내지 준통일)이 된다고 해도 결국에는 완전통일 쪽으로 나아가게 될 것이다. 그렇다면 통일 후의 문제, 이질적인 두 체제가 하나로 될 때의 문제에 대비하지 않을 수 없다.

남북이 하나의 체제가 될 경우 어느 한 쪽이 다른 쪽을 흡수하는 체제보다는 제3의 체제를 취하는 것이 좋을 것이다. 자본주의든 사회주의든 모두 근본적인 문제점이 드러난 이상 실패를 되풀이하지 말고, 통일을 양 체제의 좋은 점을 뽑고 문제점을 버릴 수 있는 절호의 기회로 삼아야 한다. 또 그래야만 흡수통일의 경우 흡수당하는 쪽이 겪게 될 적응문제, 열패감 등 통일의 부작용을 줄일 수 있다.

제3의 체제에 적용할 이데올로기는 현재 어느 체제에 속해 있건 양심적이고 논리력을 갖춘 사람이라면 찬성할 수 있는 내용이어야 한다. 아울러 제3의 체제가 양쪽의 기존 체제에서 크게 다르지 않다면 변혁 적응의 문제도 줄일 수 있어 더 좋을 것이다.

양 체제의 차이는 생산수단의 소유 방식에서 잘 나타난다. 사회주의에서는 생산수단의 사회화를 통해 평등한 사회를 이룩하려고 하지만 인간이 생산한 자본마저 사회화함으로써 개인의 노력과 기여에 대한 인센티브를 제공하지 못하였다. 자본주의는 사유재산제에 기초를 둠으로써 인센티브 제공에는 어느 정도 성공하였지만 노력과 기여의 소산이 아닌 것까지 사유의 대상으로 인정함으로써 사회정의와 경제효율을 저해하였다.

그렇다면 제3의 체제의 모습은 자연히 드러난다. 노력과 기여의 대가를 인정하고 또 노력과 기여의 대가만 인정하는 체제, 개인에게 경제활동의 자유를 보장하는 가운데 개인이 생산한 것은 개인에게 주되 개인이 생산하지 않은 것은 개인에게 주지 않는 체제가 가장 바람직한 제3의 체제이다. 생산요소별로 본다면 사람이 생산한 자본과 그 사용대가인 이자의 사유는 인정하고 사람이 생산하지 않은 토지와 그 사용대가인 지대의 사유는 인정하지 않는 체제이다. 여기에서의 토지는 천연자원, 자연환경 등 인간의 존재와 무관하게 주어진 모든 것을 포함한다.

만일 제3의 체제를 취하지 않고 통일한국의 토지제도가 현재의 남한식으로 된다면 어떻게 될까? 첫째, 과거에 북한에서 땅을 가지고 있던 사람들은 옛날 땅문서를 챙겨서 자기 땅을 찾으러 갈 것이다. 남한 식으로 생각하면 현재 북한에서 땅을 이용하고 있는 사람은 소유자가 아니므로 당연히 소유자에게 인도하여야 한다. 그러나 이 문제는 (남한 식으로 생각한다고 해도) 과거의 원 소유자가 분단 당시에 토지를 수용당한 것으로 의제하여 당시의 지가에 이자를 붙인 금액을 보상하는 정도의 특별조치를 통해 해결할 수 있을 것이다.

더 큰 문제는 북한의 토지가 사유화된다면 분명히 북한에서도 토지투기가 발생한다는 점이다. 재벌에서 복부인까지 남한에서 갈고 닦은 뛰어난 노하우를 북한이라는 신개발지에서 활용하려고 할 것이다. 뿐만 아니라 북한 주민도 머지않아 토지투기의 맛을 알게 되어 투기판에 뛰어들 것이다. 이 점은 토지를 불하해온 러시아에서 분명하게 실증되고 있다.

그러나 경제적 효율을 위해서 사유재산제가 필요하고 따라서 토지의 사유도 인정해야 한다는 주장도 적지 않다. 이 주장에는 부분적인 진리가 있기는 하다. 개인이 토지를 기반으로 한 경제활동을 안심하고 수행하려면 토지를 자기 뜻대로 사용하는 배타적 사용권이 필요하고 건물과 같은 토지사용결과를 자기 뜻대로 처분할 수 있는 권리도 필요하다. 나아가서, 토지사용결과는 토지와 밀접하게 결합되는 경우가 많으므로 토지의 처분권까지 토지사용자에게 보장하는 것이 (반드시는 아니지만) 좋을 수가 있다. 그러나 토지가치를 토지사용자가 차지하도록 해야 할 이유는 없으며, 토지가치를 사유화시키면 토지불로소득까지 고려하여 자원배분을 하게 되므로 오히려 경제 효율을 저해하게 된다.

또 제3의 체제는 토지의 사유를 인정하지 않는 체제라고 했는데 사람들은 자연히 '그러면 토지를 국유화하자는 말이냐?'하는 의문을 갖는다. 사유제 아니면 국유제라는 이분법적 사고가 지배하고 있기 때문이다. 제3의 체제는 개인의 경제적 자유를 보장하는 체제이므로 토지의 사용은 원칙적으로 개인이 결정하는 반면, 토지가치만 사회가 차지하는 체제이다. 그러므로 지금과 같은 토지사유제도 아니지만 사람들이 흔히 생각하는 토지국유제도 아니다.

다만 현 체제에서 새로운 체제로 이행하는 과정에서 변화를 최소화하자면, 토지사유제 국가에서는 현 사유제를 그대로 두되 다만 세금으로 지대만 징수하면 되고 토지국유제 국가에서는 국유를 그대로 두되 개인에게 토지를 임대하여 토지사용권을 대폭 보장하고 동시에 임대료를 받으면 된다.

토지공유와 자본사유를 기반으로 하는 제3의 이데올로기는 자본주의라는 正과 사회주의라는 反을 지양하는 合이 되므로 통일을 앞둔 우리나라에서는 절실히 필요하다. 뿐만 아니라 토지투기 열풍으로 인해 깊은 상처를 입은 남한에서는 통일과 무관하게라도 이런 제안에 귀를 기울여야 한다.

그러나 이런 제도의 실현이 가능할까 하는 의문을 갖는 사람도 많을 것이다. 이 질문이 집행상의 기술적인 문제가 없는가를 의미한다면 몰라도 정치적으로 실현 가능한가라는 질문이라면 질문 자체가 성립되지 않는다고 본다. 개혁의 정치적 실현가능성은 이상적인 것일수록 낮다. 개혁이란 현실이 부당하기 때문에 필요한 것이므로 이상적인 개혁일수록 기득권층의 이해에 반하는 경우가 많고 따라서 정치적 실현 가능성은 낮기 마련이다.

그렇다고 해서 기득권층의 이해에 반하는 제도가 실현된 적이 없는가 하면 그런 것은 아니다. 가까이는 금융실명제, 좀더 멀리는 해방 후의 토지개혁이 있으며 그 공과는 어떻든 공산혁명도 그러한 개혁의 한 예가 된다.

실현이 어렵다고 해서 개혁을 미리 포기하는 것은 옳은 태도가 아니다. 쉬운 길이든 멀고 험난한 길이든 한 걸음 한 걸음이 쌓여 목적지에 도착하는 것이다. 사회적 책임을 통감하는 지식인이라면 어렵다고 포기하기 전에 먼저 과연 이 제도가 목표로서 옳은 대안인가를 진지하게 검토하고 그 결과 옳다는 결론이 나온다면 부작용을 최소로 하는 실천의 길을 모색해야 한다.

【1997년 6월, 토지와 자유('성토모' 소식지), 제6호】

부록

고르바초프 대통령에게 보내는 공개서한

* 번역자 주: 1985년 소련 공산당 서기장으로 선출된 고르바초프가 추진한 페레스트로이카(개혁)에 대해, 시장경제를 향한 개혁에는 공감하면서도 토지사유화에 대해 우려하는 목소리가 있었다. 이 공개서한은 서방국가의 저명 경제학자 30명이 1990년 당시 소련의 고르바초프 초대 대통령에게 보낸 것으로서, 토지사용의 사유화는 추진하되 지대는 공유화해야 한다는 요지를 담고 있다.

미하일 고르바초프 소련 대통령께

소련이 시장경제로 이행하면 국민의 경제상태가 크게 향상시킬 것입니다. 소련의 경제학자들도 다양한 수준의 자유시장 국가의 경험을 통해 이 사실을 이미 잘 알고 있습니다. 자유로운 외환 제도, 자유무역, 이윤과 손실이 개인에게 돌아가는 사기업의 인정 등은 모두 훌륭한 조치입니다. 그러나 서방국가의 경제를 저해하고 있는 제도까지 귀국에서 답습하게 될까 염려됩니다. 그 중에서도 토지 지대의 대부분을 개인이 차지하는 제도를 모방할 위험성이 특히 문제입니다.

토지 지대는 개인이 아닌 정부의 수입으로 삼는 것이 중요합니다. 시장경제 선진국 정부도 지대를 세금으로 징수하기는 하지만 지대의 일부에 국한되어 있으며, 그 때문에 경제를 저해하는 다른 세금 – 예를 들면 소득, 유통, 자본에 대한 세금을 많이 징수하고 있는 실정입니다.

토지와 천연자원의 지대를 사회에 환수하는 제도는 세 가지 장점이 있습니다. 첫째로, 자연이 인류에게 부여한 것을 일부 국민이 부당하게 많이 차지하면서 다른 사람을 배제하는 일이 없게 됩니다. 둘째로, 자본형성과 생산 의욕을 억제하거나 자원의 효율적 배분에 지장을 주지 않는 가운데, 사회에 유익한 정부활동에 필요한 수입을 조달할 수 있습니다. 셋째로, 유틸리티(전기, 수도 등)의 서비스가 규모의 경제를 갖출 경우, 유틸리티의 요금을 적정하게 책정하여 그 효율적인 사용을 도모할 수 있습니다.

토지의 임대가치는 다음 세 가지 원인에서 발생합니다. 첫째로, 토지에 내재하는 자연적 생산력과 토지면적의 고정성에서 발생합니다. 두 번째는 사회의 발전입니다. 셋째로는 공공서비스입니다. 모든 국민은 자연으로부터 발생하는 가치에 대해 동등한 권리를 가집니다. 사회의 발전과 공공서비스에 의해 증가하는 지대는 정부의 재원으로서 가장 적절합니다. 도로, 도시철도, 공원이나 전기, 전화, 상하수도와 같은 공급처리체계 등 공공서비스는 다시 지대를 상승시키게 됩니다. 지대를 최대한 징수하는 동시에 자연적인 원인에 의해 생긴 지대의 징수액은 모든 국민에게 골고루 나누어주고, 공공서비스로 인한 지대는 그 서비스를 제공한 정부에 귀속시키는 재정제도가 되어야 합니다. 정부가 공공서비스로 인한 토지가치 상승분을 징수한다면 그런 공공서비스의 한계 사회비용에 상응하는 가격으로 서비스를 제공할 수 있습니다. 그 결과 서비스의 효율적 사용이 촉진되고 서비스 지역의 토지임대가치가 높아집니다. 정부기관이 토지를 사용할 경우에도 역시 임대료를 부과해야 합니다. 그렇지 않으면 공공서비스가 재정적 측면에서 적정화되지 않습니다. 즉 정부가 토지를 적정하게 사용하도록 하는 인센티브가 없다는 것입니다.

경제학자 가운데는 입찰을 통해 토지를 민간에 불하하여 토지가치를 공적으로 바로 환수하자고 주장하는 사람도 있을 수 있습니다. 그러나 이런 방식에는 몇 가지 단점이 있습니다. 첫째로, 민간에 불하할 토지가 많은 상황에서 단기간에 불하한다면 제값을 받을 수 없습니다. 둘째로, 토지사용능력이 뛰어난 사람도 목돈이 없으면 불하를 받을 수 없습니다. 반면에 토지가치를 매년 지대로 나누어 징수한다면 거액을 대출 받기 어려운 사람도 토지를 취득할 수 있습니다. 셋째로, 불하 받은 토지를 전매한다면 투기꾼이 생산적 노력이 없이도 큰 이익을 남길 수 있기 때문에 사회에 불평등과 불만을 야기합니다. 넷째로, 미래의 정치상황에 대한 불안감으로 인해 불하액이 낮아질 수 있습니다. 반면에 지대를 매년 징수한다면 미래에 좋은 정부정책이 실시될 경우 그 혜택을 미래의 국민이 누릴 수 있습니다. 다섯째로, 투자가들은 모험을 기피하는 경향이 있고 일반적으로 미래는 불확실하기 때문에 불하액이 낮아질 가능성이 많습니다. 그러나 미래의 징수액은 미래의 상황에 맞추어 정하도록 하면 이런 문제를 막을 수 있습니다. 끝으로, 미래의 지대는 현세대가 아니라 미래의 세대에게 귀속되는 것이 정당합니다. 토지사용자에게서 매년 대가를 징수하면 그 해의 지대는 그 해의 국민이 차지하게 됩니다. 토지를 불하하여 얻는 수입도 미래의 세대를 위해 투자할 수는 있겠지만, 그보다는 토지가치를 미리 거두지 않고 놔두는 쪽이 미래세대를 위해 정치적으로 안전합니다.

기술적인 세부사항에 관해서는 첨부한 문서를 참고해 주십시오. 첨부 문서에는 토지사용권의 기간, 토지의 양도, 토지평가, 토지를 오용하고는 결과를 방치하고 도망가는 경우에 대한 대비책, 일인당 부존자원의 가치가 서로 다른 지역간의 조정 문제 등에 대한 설명이 들어 있습니다. 그러나 이런 몇 가지 어려움은 모두 해결 가능한 문제입니다.

토지 사용자가 자신의 노력에 의해 생기는 이익을 얻을 수 있고 또 부동산을 개량할 수 있도록 해주는 동시에 자연에 의해 부여된 토지가치와 사회가 창출한 토지가치는 정부에 귀속시켜야 합니다. 토지사용자가 단 한번 대가를 지불하는 것으로 영구적인 권리를 취득하도록 해서는 안 됩니다. 효율을 위해 그리고 적정한 정부수입과 정의를 위해, 모든 토지사용자는 임대가치를 매년 정부에 납부하여야 합니다. 이 금액은 토지사용자가 다른 사람의 토지사용을 배제하는 대가입니다.

서명자

(총 30명 중 일부만 수록. *표는 노벨경제학상 수상자)

Nicolaus Tideman (Professor of Economics, Virginia Polytechnic Institute and State University)

William Vickrey* (President for 1992, American Economic Association)

Mason Gaffney (Professor of Economics, University of California, Riverside)

Lowel Harriss (Professor Emeritus of Economics, Columbia University)

Daniel R. Fusfeld (Professor Emeritus of Economics, University of Michgan)

Robert Dorfman (Professor Emeritus of Political Economy, Harvard University)

Tibor Scitovsky (Emeritus Eberle Professor of Economics, Stanford University)

James Tobin* (Sterling Professor Emeritus of Economics, Yale University)

Richard Musgrave (Professor Emeritus of Political Economy, Harvard University)

Franco Modigliani* (Professor Emeritus of Economics, Massachusetts Institute of Technology)

Eugene Smolensky (Dean of School of Public Policy, University of California, Berkeley)

Zvi Griliches (Professor of Economics, Harvard University)

William Baumol (Professor of Economics, Princeton University)

Robert Solow* (Institute Professor of Economics, Massachusetts Institute of Technology)

첨부: 기술적인 세부 사항

개인이나 기업이 현재 사용 중인 토지는, 지대를 납부한다는 조건하에 계속해서 사용할 수 있는 권리를 부여한다. 지대 납부액은 경제 상황에 따라 달라진다. 토지를 고속도로 건설 등 공공 목적을 위해 수용할 경우에는 시장경제 국가의 관행처럼 토지사용자가 선의로 개량한 부분에 대해 정당한 보상이 이루어지도록 법적으로 보장한다. 모든 토지사용자는 토지 개량물의 소유권을, 지대를 납부하는 한 토지사용을 계속할 권리와 함께 당사자간 합의를 통해 타인에게 양도할 수 있도록 한다.

정부가 지대를 환수하기 위해서는 토지를 일단 평가하고 또 주기적으로 재평가한다. 이웃하는 토지 간에는 연관성이 있다는 사실을 활용하면 지대평가 작업을 단순화시킬 수 있다. 우선, 여러 곳의 토지를 입찰방식으로 임대함으로써 토지가치 지도를 작성하고 이 지도의 경향성을 다른 토지에까지 확대 적용한다. 토지를 체계적으로 평가하는 방식에 관해서는 서방국가 감정평가사의 경험을 참고하면 된다. 추후 재평가를 위해서는, 사용을 중단하고 반납한 토지 또는 일단 불하된 토지의 경우에도 토지개량물의 가치가 거의 사라진 상태의 대지를 평가당국이 입찰에 부치면 된다. 다른 토지의 가치는 역시 입찰 결과를 기초로 하여 추정한다.

지대를 모두 또는 거의 징수한다면, 가치가 완전히 사라진 개량물을 방치한 채 토지를 버리고 도망치는 경우에 대비해야 한다. 토지를 계속해서 사용하려면 정부가 비용을 들여 잔존물을 치워야 하기 때문이다. 이 문제를 막으려면 토지사용자가 국공채를 보증금으로 예탁하도록 하면 된다. 이 때 국공채 이자는 지대 납부액에서 공제해 준다.

지대 징수는 지방정부가 담당하는 것이 가장 좋다. 그러나 정의를 위해서 그리고 인구이동의 인센티브와 관련된 효율을 위해서는, 사회발전이 아닌 자연조건에 의한 지대는 인구에 비례하여 모든 지역이 나누어 가져야 한다. 그렇게 하기 위해서는, 자연에서 생기는 일인당 지대액이 평균을 넘는 지역은 초과액을 내놓고 그렇지 않은 지역은 보상을 받는 청산 제도가 필요하다.

땅 한 조각(희곡)

* 번역자 주: 토지 사유화 이전에 형성되는 노동과 자본 간의 자연스러운 관계와 토지의 사유화로 인해 지주가 노동과 자본을 침탈하는 모습을 그린 희곡으로서 Francis G. Shaw, "A Piece of Land"의 번역이다. 출처는, Henry George, Social Problems, New York: Robert Schalkenbach Foundation, 1966, pp. 282-288.

등장인물 허노동, 소자본, 권지주

장면 모든 주민이 누구나 공짜로 사용할 수 있는 땅인 공유지. 허노동 씨가 감자를 심으려고 막대기로 땅을 파고 있다. 마침 소자본 씨가 삽 한 자루를 어깨에 메고 지나간다.

허노동 어이, 소자본 씨. 금년에 그 삽 쓸 거야?

소자본 아니. 금년에는 고기를 잡을까 하는데.

허노동 그럼 삽 좀 빌려 다오.

소자본 내 삽을 왜 빌려줘?

허노동 이웃사촌 좋은 게 뭐야. 넌 삽이 필요 없지만 나에게는 아주 필요해. 삽이 있으면 감자 50가마는 더 캘 수 있거든.

소자본 그건 네 사정이지. 1년 동안 쓰면 내 삽이 닳을 건데. 너는 감자를 50가마 더 캐고 내 삽은 닳아빠지고. 너는 지금보다 형편이 피고 나는 지금보다 못해지고. 그래서야 무슨 이웃사촌이 되나.

허노동 아, 그럼 그 삽과 다름없는 놈으로 갚을게. 아니면 내가 삽을 하나 만들어 주거나.

소자본 응, 조금 낫기는 하지만 아직도 불공평한데. 너는 삽을 써서 감자 50가마를 더 캐지만 내 형편은 지금과 똑 같을 테니까 그렇게는 못해. 삽을 내가 그냥 가지고 있을 테야. 필요하면 네가 만들어 쓰렴. 내가 삽을 만들어 보니 열흘이면 만들겠더군.

허노동 그렇지만 감자는 지금 심어야 하는데, 때를 놓치면 곤란해. 삽을 쓰려면 지금 써야 한단 말이야. 너는 어차피 안 쓸 삽, 놔두면 녹이나 슬 텐데 왜 안 빌려주겠다는 거지?

소자본 녹이 슬다니. 나도 다 생각이 있지. 저 건너 한 친구가 이 삽을 주면 대신 한 살 박이 암송아지 한 마리를 주겠다는군. 그래서 지금 그 친구한테 가는 길이야. 이 땅에는 주인이 없으니까 여기에 암송아지를 놓아기르면 내년에는 암송아지도 클 것이고 잘 하면 새끼까지 얻을 수 있겠지. 그러니까 네게 빌려주는 것보다 낫단 말이지.

* 번역자 주: 소자본 씨의 의도는 송아지의 성장이나 토지의 생산성과 같이 자연의 활력에서 생기는 이익을 취하겠다는 것이다. 이런 이익은 노동도 얻을 수 있고 노동의 결과인 자본도 얻을 수 있다.

허노동 그렇군. 그 생각을 못했네. 삽을 암송아지와 바꿀 수 있다면 다른 사람도 그 만큼은 지불해야 하겠네. 그래, 암송아지와 바꾸면 이익이 얼마나 될 것 같은가?

허노동 씨는 노동력 외에는 가진 것이 없지만 개방된 토지가 많으면 생산에 필요한 도구, 즉 자본을 빌려서 충분히 생산할 수 있다.

소자본 내년에 감자를 캘 무렵에는 10가마 값 정도는 되겠지.

허노동 그럼 새 삽 한 자루에 감자 10가마를 얹어서 줄게. 이 정도면 됐지?

소자본 그래도 암송아지 쪽이 나을 것 같은데. 너희 농사는 흉년이 들 수도 있으니까.

허노동 그래서는 안 되지. 또 지금껏 흉년이 든 적도 없었고. 그렇지만 잘못될 가능성이 전혀 없는 것은 아니니까.... 그렇다면, 10가마에서 12가마로 올리지. 어때?

소자본 좋았어. 자 이 삽을 써. 난 고기잡이배를 구하러 갈 거야.

* 번역자 주: 이렇게 해서 허노동 씨는 소자본 씨가 과거의 노동을 통해 축적해 두었던 부를 이용하게 되었고, 두 사람 다 감자가 필요했기 때문에 동업자가 되었다. 삽을 사용하게 해 준 대가로 소자본 씨가 받게 될 감자 10가마는 이자라고 할 수 있다. 소자본 씨는 삽을 교환하여 저절로 성장하는 것을 얻을 수 있었기 때문에 소자본 씨가 받을 이자는 정당한 것이다. 나머지 2가마는 흉작에 대비한 보험이다.

권지주 씨 등장

권지주 (울타리에 기대서서) 어이 허노동 씨, 잘 지냈나? 메마른 땅에서 뭘 한다고 그래? 울타리 안에 있는 이 쪽 땅의 토질이 훨씬 더 좋지 않아? 여기에 감자를 심으면 그 쪽보다 50가마는 더 캘 수 있을 걸. 이 땅을 빌려 농사짓는 게 어때? 임대료는 많이 안 받을게.

자본을 가진 소자본 씨는 필요한 사람에게 자본을 빌려주고 그 대가인 이자를 받는다. "거 참, 누이 좋고 매부 좋은 일이네."

허노동 물론 그 쪽 땅 토질이 더 좋지. 네가 울타리를 안 쳤다면 나도 당연히 그 쪽에서 농사지었겠지. 허나, 이 쪽 땅에는 임대료도 없고 추수하는 것은 모두 내 것이 되는 반면에, 내가 그 쪽에 가서 농사짓는다면 너는 나를 무단침입죄로 감옥에 처넣을 거고, 혹 땅을 쓰게 놔두더라도 네 요구 조건을 안 받아들이면 농사지은 것을 몽땅 빼앗아 갈 것 아니야? 법이란 게 도무지 지주 편이니, 원. 너는 도대체 무슨 권리로 그 좋은 땅에 울타리를 쳤지? 옛날에는 모두 공유지였는데. 네가 거기서 농사라도 짓고 있다면 또 말을 안 해. 공유지를 사용할 권리는 너한테도 똑같이 있으니까 말이야. 그런데 너는 무슨 별난 권리가 있어서 농사도 짓지 않으면서 울타리를 치고 나를 막는 거냐?

권지주 나도 몇 년간은 농사를 지었지. 이 울타리도 짐승을 막으려고 친 거야. 돌도 골라내고 수로도 만들어 수확이 좋았지.

허노동 공들인 만큼의 대가는 다 뽑았겠네?

권지주 제법 뽑았지. 나도 바보는 아니니까 토지개량을 할 때는 그 정도쯤은 다 내다보고 한 거지. 그렇지만 금년에는 좀 더 좋은 땅에서 농사를 짓고 이 땅은 적당한 값에 임대할 작정이야.

허노동 그래? 이 땅에서 뽑을 만큼 뽑았다? 그럼 적당한 값이라면 얼마를 생각하는 거야?

권지주 음, 보자. 이 땅은 토질도 아직은 그 쪽 공유지보다 상당히 좋고 농사짓기도 처음보다는 쉬워졌거든. 돌도 골라내었고 수로도 만들었고 울타리도 앞으로 3년간은 쓸 수 있으니까.....

그 쪽에서도 농사지으려면 울타리를 쳐야 할 텐데. 생각해 보라고. 이 쪽에 유리한 게 많잖아.

허노동 음, 그렇기도 하군. 그럼 울타리 값의 3분의 1인 감자 10가마에다가, 또 네가 땅을 개량한 것을 감안해서 5가마 더 얹어 주면 되겠네.

권지주 울타리는 나중에 수리해서 지금처럼 유지해주는 거지?

허노동 아니, 15가마면 됐지, 울타리를 수리까지 해 달라고? 그건 너무해.

권지주 좋아. 그럼 땅을 사용하는 대가는 얼마 줄래?

허노동 땅을 사용하는 대가라니? 토지개량 대가로 그만큼 주면 너도 이익이잖아. 너는 지금껏 농사짓는 동안 토지개량 대가를 충분히 뽑았고 그 동안 지력도 많이 약해졌는데..... 나는 내가 덕 보게 될 만큼만 주지 그 이상은 줄 생각이 없어. 15가마로 안 된다면 난 이 땅에서 농사지을 거야. 어느 땅이나 내게 떨어지는 것은 같거든. 도대체 제일 좋은 땅에 울타리를 치고 네 땅이라고 하는 권리는 어디서 생겼나?

권지주 왕이 주셨지.

허노동 땅은 국민의 것인데 왕은 무슨 권리가 있어 네게 주셨나?

권지주 권리는 몰라도 왕은 힘이 있지. 아무튼 이 땅은 내 것이야. 내 허락이 없으면 이 땅에서 농사지을 수 없단 말이야.

허노동 그래? 권리 문제는 일단 접어 두자. 내가 말한 조건으로 그 땅을 임대할 거야, 말 거야?

권지주 씨는 단지 토지소유권자라는 이유만으로 노력도 기여도 없이 다른 사람의 생산을 가로채서 잘 먹고 잘살게 된다.

권지주 좋아, 땅을 써. 나도 그냥 놀리는 것보다는 이익이니까. 그 놈의 공유지만 아니면 더 받을 수 있는 건데 말이야.

일 년 후

(그 동안 권지주 씨는 로비를 벌여 국회에서 법률을 통과시켰다. 이 법률은 공유지를 소유할 수 있는 권한을 지주에게 부여하였다. 권지주 씨는 이 법률에 의거하여 모든 공유지에 울타리를 쳤다. 이번에는 짐승을 막기 위해서가 아니라 사람을 막기 위해 울타리를 친 것이다.)

허노동 (권지주 씨에게 가서) 이제 공유지가 없어졌네. 이 땅에서 1년 더 농사지어도 될까?

권지주 흠! 지난해에는 이 땅에서 잘 먹고 살았겠지?

허노동 그럼. 소자본 씨에게 삽 한 자루도 돌려주고 사용대가도 주었고 또 땅 임대료를 내었지만 나머지를 가지고 우리 식구도 그럭저럭 잘 지냈지.

권지주 금년 임대료가 작년과 같을 거라고 생각하겠지?

허노동 같은 조건으로 임대해 줬으면 좋겠네. 임대료를 더 내야 한다면 소자본 씨에게 삽을 사용하는 대가를 제대로 줄 수 없게 되고 우리 식구는 지금과 같은 생활을 할 수가 없게 되거든.

권지주 그건 네 사정이지. 소자본 그 친구도 사용대가를 적게 받아야 하고 너희 식구도 생활비를 줄여야 한다. 이제 공유지가 사라졌으니 네가 공짜로 농사지을 수도 없고 소자본 녀석이 공짜로 암송아지를 놓아기를 수도 없게 되었거든. 사정이 바뀌었으면 새로운 사정에 맞춰 살든지 아니면 굶든지 하라고.

허노동 세상이 달라졌다는 건 알고 있지만 그저 내 형편을 좀 고려해 주십사 하는 거지.

권지주 내가 왜 다른 사람 형편을 고려하나? 내 재산은 사업원리에 따라 관리할 거야. 작년에 토지개량 대가로 15가마를 냈겠다. 우리 둘이 다 그 정도면 적당하다고 합의했었지?

허노동 그래.

권지주 좋아. 널 특별히 봐 줘서 금년에도 임대료를 그대로 하지. 다만 울타리는 수리해 주기 바란다.

허노동 그건 너무 심한데. 수리하려면 우리 식구 생활비가 줄어드는데..... 그렇지만 어쩔 수 없을 것 같군. 하라면 하는 수밖에.

권지주 자, 그럼 내 땅 사용료로는 얼마 낼 건가? 작년에는 공유지가 남아 있었기 때문에 한 푼도 안 받고 네가 하자는 대로 했지만 금년에는 공유지가 사라졌으니 내가 하자는 대로 해야 되겠군.

허노동 그렇지만 우리 식구가 편안하게 살 수 있도록은 되어야지. 안 그래도 울타리 수리하는 부담이 늘어나서 힘든데.

권지주 편안하게 산다고? 웃기는 소리. 그저 먹고 살면 됐지 뭘 더 바라나? 이런 이야기를 계속 하는 건 시간 낭비야. 금년의 땅 임대료는 모두 합해서 50가마로 한다. 됐지?

허노동 그렇지만 너무 심한데.....

권지주　심하긴 뭐가 심해. 임대료 문제는 끝났어.

허노동　그러면 우리는 굶어 죽어. 우리가 죽으면 이 땅에서 생기는 것도 없을 텐데. 농사 지을 사람은 있어야 하잖아?

권지주　음, 일리는 있는 말이군. 그래도 임대료는 50가마야. 내가 달라는 대로 안 주면 농사 못 짓는 거 너도 알지? 내 말 안 들을 수 없을 걸. 너희 식구가 도저히 살 수 없는 지경이 되면 그때 봐 가면서 약간 늦출 수도 있겠지. 나중에 풍년이 들 때 갚도록 말이지. 그 외에도 감자 몇 부대는 자선으로 베풀 수도 있지. 안 그러면 죽거나 빈민수용소에 가게 될 테니까. (방백) 빈민수용소에 간다면 너희 가족 생활비를 몽땅 내가 마련해야 하는데 그건 곤란해.

지은이 소개

경북대학교 행정학과 교수
지공주의를 추구하는 <토지정의시민연대> 공동대표

1971 서울대 법대 졸업(법학사)
1975 서울대 환경대학원 졸업(도시계획학 석사)
1982 미국 펜실베니아 대학교 졸업(도시계획학 박사)

중요 관심 분야

토지정책, 조세정책
서울중심주의와 학벌주의 해소
특권과 불로소득의 타파

중요 저(역)서

도시모형론, 경북대 출판부, 1986.
토지정책론, 법문사, 1991.
진보와 빈곤(번역), 비봉출판사, 1997.
헨리 조지: 100년 만에 다시 보다(공저), 경북대 출판부, 2002.
토지정책론: 토지사유제에서 지대조세제로, 한국학술정보, 2002.

연락처

Tel (053)950-5479 Fax (053)950-5488
E-mail yskim@knu.ac.kr